도서출판 대장간은
쇠를 달구어 연장을 만들듯이
생각을 다듬어 기독교 가치관을
바르게 세우는 곳입니다.

대장간이란 이름에는
사라져가는 복음의 능력을 되살리고,
낡은 것을 새롭게 풀무질하며, 잘못된 것을
바로 세우겠다는 의지가 담겨져 있습니다.

www.daejanggan.org

생명과 평화의 눈으로 읽는 성서 5
지혜문학_신앙의 새로운 패러다임

지은이 김경호
초판1쇄 2017년 11월 21일

펴낸이 배용하
본문디자인 윤순하
등록 제364-2008-000013호
펴낸곳 도서출판 대장간
www.daejanggan.org
등록한곳 대전광역시 동구 우암로 75-21
편집부 전화 (042) 673-7424
영업부 전화 (042) 673-7424 전송 (042) 623-1424
분류 기독교 | 구약 | 지혜문학

ISBN 978-89-7071-426-4
SET 978-89-7071-417-2 04230
CIP제어번호 2017030142

값 10,000원

생명과 평화의 눈으로 읽는 성서 5

지혜문학

신앙의 새로운 패러다임

김경호 지음

차례 contents

| 시작하는 말 |

오늘날의 한국교회에서 유행하는 성경공부는 이른바 '큐티'입니다. 그러나 이 방식으로 진행하는 공부는 성경을 지나치게 자의적으로 해석하기 쉽습니다. 본문에 과도한 뜻을 부여하다 보니 "본래 그 말씀에 그런 뜻이 있었나?" 싶을 정도로 그 의미가 확대되기도 하고 때루 본문과는 전혀 다른 의미로 바뀌기도 합니다. 이렇게 되면 어떤 본문에서든 해석이 전체적으로 유사해지는 현상이 생깁니다. 결국에는 해석자 개인의 문제가 투영되고 반복되기 때문입니다. 그러다 보면 서로 다른 맥락의 성서 본문들도 모두 자기 식으로 해석해 버리며 자신의 세계를 성서 안에 투입합니다. 그런 다음에는 성서의 권위를 빌어서 자신의 해석을 마치 성서가 그렇게 말하는 것인 양 이야기하고, 정당화합니다. 이러한 경향을 요즘은 성서도구주의라고 부릅니다. 그러나 이것은 성서해석에서 중대한 오류를 낳습니다. 큐티를 비롯하여 한국교회에서의 성서해석의 90% 이상을 차지하는 이른바 '영감(靈感)에 의한 성서해석'은 이러한 방법론적 오류를 벗어나기 어렵습니다.

그럼에도 불구하고 큐티 방식의 성서연구는 우리의 생활 깊숙한 곳에 성서 본문을 가져오는 장점이 있습니다. 하지만 성서를 통해 우리가 얻는 메시지는 그렇게 해석해야만 하는 정당성을 가져야 합니다. 홀로 묵상을 할지라도 그 본문이 말하는 메시지의 올바른 방향과 토대 위에 있어야 합니다. 제멋대로 노를 저어서 배가 산으로 가게 하는 것은 곤란합니다. 그것은 자신의 뜻을 하나님의 뜻으로 합리화하는 잘못을 범하기 때문입니다.

물론 성서를 해석할 때 주관성을 완전히 배제하고 객관적으로 바라보는 것은 상당히 어렵습니다. 그래서 서구에서는 성서신학이 수백 년 동안 발달해 왔습니다. 이 역사는 균형 잡힌 성서해석을 위한 과정인 셈입니다. 성서신학은 객관적이고 타당하게 성서를 해석할 수 있는 여러 가지 과학적 혹은 학문적 방법론을 계발해 왔습니다. 이 교재는 그러한 성서해석 방법론들을 동원할 것입니다. 그리하여 성서 속 말씀들을 그것이 생겨난 역사 배경과 사회경제 배경 속에서 이해할 것입니다. 또한 최근의 고고학적 발굴들과 연구결과들, 고대 근동의 유사한 문서와 비교하는 종교사적인 연구방법들, 성서 안의 자료들을 문헌적으로 정밀하게 비교하고 분석해 나가는 역사 비평적 연구 방법 등 최근까지 이어진 성서신학의 연구 성과들을 활용할 것입니다.

이러한 성서연구는 필자가 향린교회, 강남향린교회, 들꽃향린교회로 이어지는 30여 년 동안의 목회 활동과 성서연구 세미나를 통해 얻은 것입니다. 그리고 한국기독교장로회 총회교육원에서 목회자 재교육 과정으로 운영하는 목회신학대학원과 여전도사를 양성하는 목회신학대학 과정에서 구약학 강의를 하면서 얻은 결과물들입니다. 들꽃향린교회에서는 이를 문서화해서 구약성서 40강좌, 신약성서 40강좌로 이어지는 총 80주간, 즉 2년에 걸친 평신도 성서교육 과정을 운영하고 있습니다. 구약성서는 오경, 역사서, 예언서, 성문서를 5권으로 나누어 발행할 예정이며, 신약성서도 예수와 복음서, 바울과 기타 서신을 4권으로 나누어 발간할 생각입니다.

전체 시리즈의 제목을 '생명과 평화의 눈으로 보는 성서'라고 하였습니다. 이것은 하나의 선입견을 가지고 성서를 보겠다는 뜻이 아닙니다.

오히려 성서 자체가 이러한 치열한 삶의 고백들이라는 뜻입니다. 하나님에 대한 이야기는 역사와 자연의 도전 앞에 선 인간이 자신의 생존을 위한 깊은 투쟁의 고백을 쏟아내는 것입니다. 그리하여 자연과 인간의 최대 화두인 '생명'과 삶의 필수 조건인 '평화'라는 두 사회적 주제를 성서가 증거하는 핵심 가치로 본 것입니다.

현행의 성서공부 교재는 대부분 교리사적인 틀에 꿰어져 맞추는 식으로 만들어졌습니다. 많은 사람들이 성서와 기독교를 "죄 → 구원" 같은 간단한 공식으로 설명하려 합니다. 이 때문에 사람들은 성서를 단지 한 가지 사상만 있는 책으로 오해하기도 하고, 또는 성서를 단순화된 교리를 강요하는 평면적인 책으로 오해하기도 합니다. 그러나 사실 성서는 긴 역사를 통해 일어난 삶의 치열하고 다양한 역사를 담고 있으며, 그 시대를 살아가는 사람들의 호소와 외침이 녹아 있는 책입니다. 그 하나하나가 갖는 다양한 패러다임과 역동성은 오늘 우리가 살아가는 사회의 문제를 예시하고 또 조명해 줍니다. 그리고 그러한 예시와 조명을 통해 오늘 우리가 처한 역사 속에서 야훼 하나님의 분명하신 섭리와 경륜의 방향을 볼 수 있게 해줍니다. 이처럼 성서는 역사의 과정 속에 나타났던 사상, 철학, 문학의 다양한 패러다임을 포함하고 있을 뿐 아니라, 세상의 역사를 운영하시는 하나님의 뜻과 그를 따라 기꺼이 목숨까지도 바치는 인간의 신앙적 응답을 풍부하게 담고 있는 인류 최고의 걸작품입니다. 그런데 이렇게 다양하고 역동적인 성서를 단 하나의 교리로 뭉뚱그려 단순화하거나, 그 역동적인 생명력을 사장시키는 것은 참으로 안타까운 일입니다.

이 책은 성서신학의 전문적인 내용을 누구나 이해할 수 있는 쉬운 언어로 쓰고자 노력했습니다. 그리고 성서본문을 통해서 신학적 사고를 전개해 나가기에 신학을 모르는 사람도 쉽게 접근할 수 있도록 하였습니다. 아무쪼록 이 책이 한국교회를 갱신하는 데 작은 보탬이 되기를 바랍니다.

강남향린교회와 거기에서 분가한 들꽃향린교회의 교우들은 대부분이 책의 내용을 공부하는 성서학당을 통해서 교우가 되었습니다. 이 중에 상당수는 성서문자주의에 매인 근본주의 신앙을 가진 분들이었거나, 기독교를 처음으로 대하는 초신자였습니다. 대체로 초신자들은 이런 식의 성서연구를 아주 새롭게 받아들이지만, 근본주의 신앙을 가진 분들은 학당이 진행되고 있는 동안 필자와 심하게 논쟁을 하기도 합니다. 그래도 이제까지 자신이 성서를 읽던 방식과는 전혀 다른 방법론으로 진행해 나가기에 싸우는 과정 속에서도 계속 논의에 참여합니다. 어떤 분은 자동차로 몇 시간씩 걸리는 지방에 살면서도 빠지지 않고 성서학당의 모임에 개근합니다. 그러는 동안 그분들의 생각이 점차 변화하면서 저는 그분들이 그 어느 누구보다도 분명하고 힘 있는 실천력을 가진 신앙인이 되는 것을 직접 경험하였습니다.

이런 교재가 나올 수 있는 것은 이런 성서연구를 수용하고 열린 마음으로 함께 토론할 수 있는 건강한 공동체가 있기에 가능했습니다. 한국교회의 신도들은 매우 훌륭합니다. 그들은 참다운 신앙에 관해서라면 언제든지 모든 것을 내어놓은 채 헌신할 수 있는 마음의 준비를 갖추고 있습니다. 그러나 한국교회를 이끄는 지도자들이 자기 욕심대로 복음을 왜곡시키기에 오늘날의 한국교회는 이 모양이 되고 말았습니다. 그러나 이 교재는 그렇게 왜곡된 시각을 용납하지 않을 것입니다. 이 책은 꾸준히 생각하게 하며 각자 본문이 형성된 자리와 만나게 도와줄 것입니다. 그러다보면 결국 성서기자가 가졌던 처음마음, 뜨거운 마음들을 만날 수 있을 것입니다.

이 교재는 상당히 진보적인 내용으로 구성되어 있지만 그것보다 중요한 강조섬은 바로 우리가 확장해 가야 할 공동체성을 살리는 데 목표를 두고 있습니다. 현실의 기독교가 모순이 많은 것은 사실이나 아무 대안도 없이 섣부르게 기독교 신앙과 교회를 폄하하는 독설을 퍼붓는 것은 무책임합니다. 깊은 애정을 가지고 건강한 신앙, 건강한 교회로 재건하여 나가도록 돕는 데 힘써야 할 것입니다. 개개인이 가진 좋은 의지들을 모아서 공동의 힘으로 함께 이루어 가는 공동체가 교회입니다. 그렇게 함으로써 교회는 오늘날 살아계신 그리스도의 몸을 이루며 증언해 나갈 수 있습니다.

이 교재를 공부하는 분들이 막연한 관념 속에서가 아니라 좀 더 역사적이고 실증적인 자료들을 통해 야훼 하나님과 예수를 만날 수 있기를 바랍니다. 이 교재가 지금 목표의 상실, 도덕성의 상실로 휘청거리고 있는 한국교회를 새롭게 갱신해 나갈 성서적 근거를 세워주고 우리 역사를 바로 세울 수 있는 동력이 되기를 간절히 바랍니다.

각 과의 내용을 진행하여 읽어나갈 때 처음 또는 중간에 "미리 살펴보기"의 문제들이 던져질 것입니다. 이 부분에서는 반드시 성서를 직접 찾아보고 잠시 서로의 의견을 나누는 시간을 갖기를 바랍니다. 이 책에는 새번역 성서를 토대로 인용 본문을 명시했습니다만 각자 자기의 성서로 직접 비교하면서 찾아보기를 권합니다. 모든 내용은 제시된 성경 말씀을 토대로 전개됩니다. 가급적 천천히 성구를 찾아보고 그 본문에 머물러 생각하는 시간을 오래 가지십시오. 오히려 그것이 가장 빨리 가는 지름길이 될 것입니다. 남이 만들어준 내용은 체화되기 힘듭니다. 반드시 자기 명상과 씨름이 동반될 때라야 단순한 지식을 넘어서 자신을 바꾸어 낼 수 있는 힘이 생길 것입니다. 뿐만 아니라 스스로 성서를 보고 해석할 수 있는 눈도 키워갈 수 있습니다. 그룹으로 공부할 때는 반드시 공부를 마친 다음에 "생각 나누기"에 제시된 질문을 토대로 하여 서로의 생각을 나누는 시간을 갖기 바랍니다. 정답은 있을 수 없습니다. 모두가 정답이고 모두가 각자의 삶의 위치에서 나오는 진실입니다. 어느 누구도 서로의 답이 맞나 틀리나 판단하지 말고 각자의 삶과 생각을 충분히 나누고 상대를 깊이 이해하고 용납하려는 자세로 참여하도록 하십시오. 믿음 안에서 서로의 성장을 도우며 격려하는 진정한 형제 자매가 되도록 노력하십시오. 각자의 생각을 솔직하게 나눌 때에, 단지 성서의 지식을 익히는 과정을 넘어서 오늘의 현실을 정면으로 바라보고 이를 해석하는 힘을 얻게 될 것입니다. 각 과의 마지막에는 "생각 나누기"의 주제와 관련된 설교나 강연문을 제시하였습니다. 이 설교문은 필자가 강남향린교회나 들꽃향린교회 강단에서 행한 설교 중에서 발췌한 참고자료입니다.

목회를 하는 중에 틈틈이 책과 씨름하며 그 내용을 만들어 가는 것이 쉽지는 않았습니다. 이 책에 쓰인 한 줄의 정보를 얻기 위해서 몇 주일을 엉덩이가 무르도록 앉아서 책을 보거나 또는 현장에서 씨름해야 하는 때도 있었습니다. 스스로에게 의무감을 주어가며 굳이 이러한 작업을 하는 것은 한국교회가 이대로만 가서는 안 된다는 위기감 때문입니다.

윤리적 표상을 잃고 우리사회와 민족이 나아가야 할 방향과는 정반대로 역주행하는 신앙, 싸구려 값싼 은혜를 남발해 대며 상업주의적 성장논리로만 치달아 버리는 교회, 복 방망이를 두들겨 대며 교인들을 주문과 주술로 미혹하는 종교 지도자, 그들이 제멋대로 만들어낸 아무 존경할 것 없는 싸구려 하나님이 난무하는 현실이 너무나 수치스럽습니다. 사실 그들은 이미 자신의 영혼 속에서 하나님을 버리고 예수도 다시 못 박아 버린 상태이거나 전혀 자기 성찰을 하지 않은 채 유행을 쫓아가는 마비 상태인 경우가 대부분입니다. 이런 현실 속에서 이미 신앙을 가진 분들이 자신의 신앙을 깊이 성찰하고 신앙의 뼈대를 새롭게 세우는 계기가 되기를 바랍니다. 신앙을 가지지 않은 분들도 이 책을 공부하면서 야훼신앙과 예수신앙에 대해서 매력을 느끼고, "이런 하나님이라면 나도 믿고 싶다"는 마음이 들면 좋겠습니다. 그런 분들을 신앙으로 이끄는 길잡이가 되기를 또한 바랍니다. 당장 바라는 결과가 생기지 않더라도 먼 훗날 그때 한국교회에서도 무너진 신앙을 다시 세우기 위한 이런 몸부림이 있었구나 하는 정도의 기록은 될 수 있으리라는 희망으로 책을 썼습니다.

천호동에서 한강을 바라보며

들꽃향린교회 김경호 목사

| 제5권 지혜문학 – 신앙의 새로운 패러다임을 내면서 |

도서출판 대장간에서 제1권 오경의 증보판이 출간된 다음 독자들께서 출간되지 않은 책들부터 내달라는 부탁을 하셨다. 그래서 증보판은 뒤로 미루고 10년 전에 출간되지 못했던 지혜문학부터 먼저 내기로 하였다. 이미 출간되었던 2–4권 역시 절판 상태라 후속 편을 보고 싶으신 분들께 양해를 구한다.

5권 지혜문학은 모두 다섯장으로 나누었다. 전통적인 지혜문학으로 생각하는 잠언, 욥기, 전도서, 시편, 아가서를 다루었고 첫 장에서 지혜문학 전체의 개괄과 잠언, 룻기를 다루었다. 후기 예언서 중에서도 지혜문학으로 취급하는 책이 있지만 그것들은 이미 출간되었던 역사서와 예언서에 나뉘어있다.

지혜문학은 오경이나 예언서와는 다른 신앙을 제시한다. 오경이나 예언서가 이스라엘 주류 전통에 해당한다면 지혜문학은 전통에서 간과되거나 소홀히 여긴 문제점을 드러내며 이스라엘 신앙에 새로운 패러다임을 제기한다. 여기서는 각각의 책들이 제기하고자 했던 문제의식을 살리고자 하였다.

여기의 내용은 지혜문학 전반에 대한 개론적 서술이나 이론을 정리한 것이 아니다. 필자의 글이 추구하는 방향이 그렇듯이 지혜문학을 생명과 평화의 관점에서 다시 읽어본 것이다.

오경과 예언서는 당대를 살아가는 사람의 리얼한 삶과 역사가 관심사였다면 지혜문학은 인간과 자연의 존재는 무엇이고, 고통은 어디에서 오며, 무엇을 추구하고 살아가는가 하는 철학적 문제를 다룬다. 이스라엘 사회에서 당연한 진리로 자리잡은 오경과 예언서의 신학이 주류의 사상이 되다보니 꼭 필요하지만 그와 다른 부류의 사상들은 지혜문학이라는 분야로 주류에 대해 도전하기도 하고 그 문제점을 신랄하게 파헤치기도 한다.

생각할 문제와 관련된 참고자료는 오늘 우리들의 지혜문학이라고 할까, 성서의 지혜문학이 당시의 지혜였다면 오늘 우리들이 살아가면서 필요한 지혜들에 대해 오늘의 인문학, 과학, 경제학등을 적용해서 필자가 상연, 설교, 집필한 자료를 실었다.

천호동 들꽃향린교회에서

김경호 목사

01
지혜문학은 무엇인가(잠언·룻기)

구약성서는 크게 율법서, 예언서, 성문서(聖文書)로 나뉜다. 잠언, 전도서, 욥기 그리고 시편이 성문서에 속하는데, 이 책들을 다른 이름으로 지혜문학(Wisdom literature)이라고도 부른다. '사랑의 노래'로 알려진 아가서 또한 저자가 솔로몬으로 알려져 있는 까닭에 지혜문학으로 분류하기도 한다.

지혜문학은 하나의 사조에 가깝다. 철학을 뜻하는 영어단어 'Philosophy'는 그리스어 'philosophia'에서 유래했는데, 이는 'philia'(사랑)와 'sophia'(지혜)의 합성어다. 즉, 철학이란 '지혜의 사랑'이라는 뜻이다. 언어의 유사성에서 보듯 고대사회에서 지혜문학은 철학의 역할을 했다.

하지만 고대 서구 문화에서 지혜는 철학과 다른 독특한 면이 있었다. 희랍세계에서 지혜는 단순히 인간의 지적 생산물이 아니었다. 희랍인들은 지혜가 인격을 가졌으며 우주가 생성되기 전부터 존재했다고 여겼다. 지혜는 신이 세상을 창조할 때 신과 함께 창조에 참여하며, 만물보다 선재(先在)하는 존재였다.

주님께서 일을 시작하시던 그 태초에,
주님께서 모든 것을 지으시기 전에,
이미 주님께서는 나를 데리고 계셨다
영원 전, 아득한 그 옛날, 땅도 생기기 전에,
나는 이미 세움을 받았다.
아직 깊은 바다가 생기기도 전에,
물이 가득한 샘이 생기기도 전에,
나는 이미 태어났다
아직 산의 기초가 생기기 전에,
언덕이 생기기 전에,
나는 이미 태어났다
(중략)
나는 그분 곁에서 창조의 명공이 되어,
날마다 그분을 즐겁게 하여 드리고,
나 또한 그분 앞에서 늘 기뻐하였다.
그분이 지으신 땅을 즐거워하며,
그 분이 지으신 사람들을 내 기쁨으로 삼았다. (잠언 8:22-31)

성서의 지혜문학

어느 문명이든지 선조로부터 내려오는 고유한 격언, 속담, 민담, 시, 노래, 문학 등은 자신의 공동체를 유지하는 데에 더없이 소중한 자산이다. 인류는 이런 지혜를 축적시켜 화려한 문명을 꽃 피울 수 있었다. 그런 가치를 소중히 여긴 까닭에 조상으로부터 내려온 삶의 지혜는 인격화, 신격화되었고 때로 신앙의 대상이 되기도 했다. 이는 고대 근동 국가들에서 널리 퍼져 있는 사조였다.

이스라엘은 야훼 하나님 외에 다른 신을 섬기는 것을 철저하게 금했기 때문에 지혜가 신격화되기 어려웠다. 또한 이스라엘은 신앙 전통이 매우 강한 민족 공동체였는데, 이들의 신앙 전통은– 예언서에서 보듯– 주로 하나님으로부터 말씀을 받는 방식이었다. 이와 달리 지혜문학은 만물의 근원을 자연에 두었고, 직접 계시보다는 경험과 공부를 통해서 지혜를 얻는다. 그래서 성서에서는 이런 '지혜'가 야훼 신앙과 빚는 갈등을 엿볼 수 있는 구절도 곳곳에서 발견된다.

지혜문학은 고대 근동 주변 국가들의 영향이다. 이스라엘은 주변 나라들에 비하면 역사가 짧은 민족이었다. 이스라엘이라는 이름이 처음 언급된 것은 주전 1,225년경 이집트의 파라오 메르넵타(Mernepta) 석비에서 였다. 이집트 문학이 주전 3,500년 전부터 꽃을 피운 것에 비하면 훨씬 짧은 역사다. 따라서 이스라엘의 지혜 문학은 주변 근동 국가들의 오래된 전통에서 영향을 받은 것으로 보인다.

다윗–시, 솔로몬–지혜

성서의 주요 양식은 한 명의 인물과 등치되곤 한다. 예를 들면 다윗의 시편, 솔로몬의 잠언이나 전도서 등이다. 그래서 이들은 지혜를 대표하는 인물로 인식되기도 한다. 이런 방식은 예언서와 율법서도 다르지 않다. 이사야서는 여러 시대의 다양한 예언들을 '이사야'라는 큰 예언자의 이름으로 묶은 책이다. 구약성서의 율법들은 사실 다양한 시대, 다양한 사회에서 통용되던 규범과 법이지만 성서에는 모세가 모든 법을 일괄해서 받았다고 말한다. 그래서 간혹 성서는 몇 명의 사람이 저술한 것 같은 느낌이 든다.

형식과 저자의 이런 매치는 권위 때문이다. 고대 사회에는 저작권 개념이 없었을 뿐 아니라, 문화적 결과물을 후대에 전하기 위해 권위가 필요했다. 따라서 출처를 유명인물에게 귀결시켰고, 법은 모세, 시는 다윗, 지혜는 솔로몬이라고 하는 상징적인 표현방식이 나타났다. 하지만 실제로는 모세의 율법이나 솔로몬의 지혜도 여러 시대를 걸쳐 축적된 결과물들이다. 다윗의 시로 알려진 시편 중 많은 작품이 포로기가 훨씬 지난 이후의 상황을 배경으로 한다.

새로운 사상들

> 우리에게는 율법을 가르쳐 줄 제사장이 있고, 지혜를 가르쳐 줄 현자가 있으며, 말씀을 전하여 줄 예언자가 있다. (예레미야 18:18)

구약시대에는 하나님의 말씀을 다루는 권위를 가진 세 개의 직위가 있었다. 제사장, 현자, 예언자다. 사제는 율법을, 현자는 지혜를, 예언자는 말씀을 담당했는데, 현자는 후대에 서기관으로 불리기도 했다. 그런데 지혜문학에는 오경이나 예언서에서 보지 못한 새로운 사상이 보인다.

> 게으른 사람아, 개미에게 가서,
> 그들이 사는 것을 살펴보고 지혜를 얻어라.

개미는 우두머리도 없고 지휘관도 없고 통치자도 없지만,
여름 동안 양식을 마련하고,
추수 때에 먹이를 모아 둔다.
게으른 사람아,
언제까지 누워 있으려느냐?
언제 잠에서 깨어 일어나려느냐?
"조금만 더 자야지, 조금만 더 눈을 붙여야지,
조금만 더 팔을 베고 누워 있어야지" 하면,
네게 가난이 강도처럼 들이닥치고,
빈곤이 방패로 무장한 용사처럼 달려들 것이다.
(잠언 6:6-11/참조 24:33-34)

손이 게으른 사람은 가난하게 되고 손이 부지런한 사람은 부유하게 된다.
(잠언 10:4)

오경이나 예언서는 가난을 개인이 게으른 책임으로 언급하지 않았다. 가난은 사회 전체가 서로를 돌보아야 할 책임을 방기한 죄요, 철저하게 사회구조적인 문제였다. 그래서 공동체 전체의 책임을 물으며 접근하였다. 그러나 지혜문학은 이를 개인적인 일로 보고 게으름의 탓으로 돌린다. 이제까지의 신앙전통과는 사뭇 다른 분위기이다.

왕이 내리는 판결은 하나님의 판결이니,
판결할 때에 그릇된 판결을 내리지 않는다.
(중략)

왕의 진노는 저승사자와 같지만,

지혜로운 사람은 왕의 진노를 가라앉힌다.

왕의 얼굴빛이 밝아야 모두 살 수 있다.

그의 기쁨은 봄비를 몰고 오는 구름과 같다

(잠언 16:10-15)

이런 사상도 낯설다. 이제까지 오경에는 왕이라도 철저하게 하나님의 말씀을 따라야 하며 예언자들은 왕이 말씀에 어긋나면 가차 없이 비판했다. 그러나 "왕이 내리는 판결은 하나님의 판결이니, 판결할 때에 그릇된 판결을 내리지 않는다."고 하여 왕권을 절대화한다. 이러한 말씀은 나중에 교황 무오설의 근거가 되기도 했다. 여기서 왕은 하나님의 법과 동일한 위치에 서게 된다. 잠언에는 왕 앞에서 지혜롭게 처신하는 법, 왕의 총애를 받는 법등이 여러 곳에서 언급된다. 이렇게 왕에게 절대권을 부여하는 것은 본래 이스라엘의 신앙전통에서 보면 낯선 전승이다. 이러한 이유는 대체로 지혜문학이 외래적 전통에서 유입되었기 때문이다.

외래 문명의 유입

이러한 증거들은 지혜문학 여러 곳에서 볼 수 있다. 잠언 22:17-24:22은 이집트의 아멘 엠 오펫(Amen-em-opet)의 가르침(ANET PP.421-424)과 병행하며, 잠언의 다른 곳에도 유사한 교훈들이 있다. 그 밖에 이집트 문헌들, 프타호텝(Ptah-hotep), 아니(Ani) 등의 문서와도 병행구가 있으며 메소포타미아와 페니키아의 문학 라스 샤므라(Ras

Shamra) 유적과 잠언 사이에도 많은 병행구가 존재한다.

다윗의 행정체계는 이집트제국의 행정체계를 모방하였다. 파라오는 딸이 솔로몬과 결혼할 때, 게셀을 딸의 지참금으로 수여하였다(왕상 3:1, 9:16-17). 구약학자 드보(R. De Vaux)에 따르면 솔로몬 시대 군신들의 직책이 이집트의 직책과 상응한다. 건축기술, 문자표기, 인구조사, 지명과 사물의 목록작성, 군사도로표기, 새로 탄생한 공무원(왕상 4:1-6) 등으로 볼 때, 다윗 왕과 솔로몬 왕은 외국의 새로운 문화를 들여와 야훼 신앙공동체에 변화를 시도했다.

그들은 이스라엘에 왕권을 세우기 위해 새로운 계급화를 시도한 것으로 보인다. 이것이 야훼신앙과 갈등을 낳기도 하였다. 시편의 저자를 다윗으로 보고 지혜의 저자를 솔로몬으로 보는 이유도 바로 그들의 시대에 외래지혜문학이 대거 유입되었기 때문이다.

야훼신앙은 평등주의 기반이 강했기 때문에 왕정에 대해 매우 비판적이었다. 이스라엘의 왕들은 야훼신앙으로는 왕정을 유지하는 것이 어렵다고 판단했다. 그래서 그들은 외국의 지혜를 수입해 왕정에 우호적이지 않은 야훼신앙을 순화시키고 왕정이나 체제에 길들이고자 했다. 왕정시대에 지혜문학이 봇물처럼 들어온 것은 이 때문이다. 지혜문학은 더러 야훼신앙을 대체하는 역할을 하기도 했다.

유입되었다는 이유만으로 좋다 나쁘다는 가치 평가를 하긴 어렵다. 지혜문학이 단지 권력과 체제의 필요에 의해서 들어왔다고만 보기는 어렵다. 이스라엘의 세계관을 근원적으로 뒤흔든 면이 있었으나 이스라엘 신앙이 갖지 못했던 새로운 요소들은 야훼신앙을 보충하고 풍성하게 만들기도 했다.

지혜문학의 특징

지혜문학은 인간의 문제를 역사적 상황에서 분리시킨다. 지혜를 절대화 시키는 교조주의 경향도 있다. 또 권력의 정당성을 적극 방어하고, 권력을 지키는 자의 편에 서서 방어적 자세를 취한다.

구약성서에 담긴 역사의식의 핵심은 "야훼가 우리의 하나님이시며 우리는 야훼의 백성이다"는 고백이다. 야훼 이외에는 어떤 권위도 인정하지 않고 절대성을 부여하지 않는다. 이렇게 야훼 하나님을 정점으로 하는 통일된 신앙은 이스라엘 공동체를 단결시키는 힘이었다. 근원적인 권위는 오직 하나, 야훼 하나님이시다. 이스라엘은 야훼신앙을 유지하기 위해 민족 내부의 철저한 연대를 강조했다. 그런데 지혜문학에서는 인간을 역사와는 별개의 존재로 본다. 지혜문학의 출발점은 이스라엘의 역사적 경험이 아니라 인간 존재와 삶에 관한 철학적 질문이었다.

> 전도자가 말한다.
> 헛되고 헛되다. 헛되고 헛되다.
> 모든 것이 헛되다.
> 사람이 세상에서 아무리 수고한들,
> 무슨 보람이 있는가?
> 한 세대가 가고,
> 또 한 세대가 오지만,
> 세상은 언제나 그대로다. (전도서 1:2-4)

따라서 지혜문학은 개인주의적 경향이 강하다. 가난한 자의 곤경은 그의 나태 때문이다. 사회의 모순적인 구조에 대한 저항도 예언서에 비하면 미비하다. 지혜문학은 현재 삶을 받아들이고 순응하는 길을 선택한다. 그런데 이스라엘이 어떤 민족인가. 사회연대적인 책임의식을 강조하면서 이자 없이 꾸어주고, 7년 마다 면제하고, 노예를 해방하라는 법을 만드는 민족이 아니었던가. 그런데 지혜문학에서는 "남의 부채에 절대로 보증을 서지 말라"는 현실적인 권고를 한다.

> 아이들아, 네가 이웃을 도우려고 담보를 서거나, 남의 딱한 사정을 듣고 보증을 선다면, 네가 한 그 말에 네가 걸려 들고, 네가 한 그 말에 네가 잡힌다. 아이들아, 네가 너의 이웃의 손에 잡힌 것이니, 어서 그에게 가서 풀어 달라고 겸손히 간청하여라. 너는 이렇게 하여 자신을 구하여라. 잠을 자지도 말고, 졸지도 말고 노루가 사냥꾼의 손에서 벗어나듯, 새가 새 잡는 사람의 손에서 벗어나듯, 어서 벗어나서 너 자신을 구하여라.(잠언 6:1–5)

> 모르는 사람의 보증을 서면 고통을 당하지만, 보증서기를 거절하면 안전하다.(잠언 11:15)

> 지각이 없는 사람은 이웃의 손을 잡고, 그 이웃 앞에서 빚보증을 선다.(잠언 17:18)

> 남의 보증을 선 사람은 자기의 옷을 잡혀야 하고, 모르는 사람의 보증을 선 사람은 자기의 몸을 잡혀야 한다.(잠언 20:16)

> 이웃의 손을 잡고 서약하거나, 남의 빚에 보증을 서지 말아라.(잠언 22:26)

남의 보증을 선 사람은 자기의 옷을 잡혀야 하고, 모르는 사람의 보증을 선 사람은 자기의 몸을 잡혀야 한다. (잠언 27:13)

예언자들의 지혜비판

이스라엘의 예언자들에게 이런 사상의 유입이 달가울 리 없었다. 그들은 지혜에 관해 매우 비판적이었다.

주님께서 말씀하신다. "이 백성이 입으로는 나를 가까이하고, 입술로는 나를 영화롭게 하지만, 그 마음으로는 나를 멀리하고 있다. 그들이 나를 경외한다는 말은, 다만, 들은 말을 흉내 내는 것일 뿐이다. 그러므로 내가 다시 한 번 놀랍고 기이한 일로 이 백성을 놀라게 할 것이다." 지혜로운 사람들에게서 지혜가 없어지고, 총명한 사람들에게서 총명이 사라질 것이다. (이사야 29:13–14)

너희가 어떻게 '우리는 지혜를 가진 사람들이요, 우리는 주님의 율법을 안다' 하고 말할 수가 있느냐? 사실은 서기관들의 거짓된 붓이 율법을 거짓말로 바꾸어 놓았다. 그러므로 지혜 있는 사람들이 부끄러움을 당하고, 공포에 떨며 붙잡혀 갈 것이다. 그들이 주의 말을 거절하였으니, 이제 그들에게 무슨 지혜가 있다고 하겠느냐? (예레미야 8:8–9)

나 주가 말한다. 지혜 있는 사람은 자기의 지혜를 자랑하지 말아라. 용사는 자기의 힘을 자랑하지 말아라. 부자는 자기의 재산을 자랑하지 말아라. 오직 자랑하고 싶은 사람은, 이것을 자랑하여라. 나를 아는 것과, 나 주가 긍휼과 공평과 공의를 세상에 실현하는 하나님인 것과, 내가 이런 일 하기를 좋아한다는 것을, 깨달아 알 만한 지혜를 가지게 되었음을, 자랑하여라. 나 주의 말이다. (예레미야 9:23–24)

공연히 지혜니 뭐니 하면서 하나님의 공의와 공평을 피해가지 말라는 것이다. 정말 지혜를 말하려면 하나님께서 긍휼과 공평과 공의를 세상에 실현하는 하나님인 것과, 하나님께서 이런 일 하기를 좋아한다는 것을, 깨달아 알 만한 지혜만이 참 지혜라고 한다.

그러나 지혜문학이 외래적인 사상으로 시작했다고 하더라고 새로운 사상은 그 공동체의 특성과 어울려 토착화되기 마련이다. 이스라엘 민족은 지혜를 경계하는 한편, 자기들만의 것으로 만들어 나간다. 창세기에서 뱀에게 쓰는 '교활하다(arum)'는 단어는 '영리하다'를 의미한다. 뱀은 사실 악한 동물의 상징이 아니라 영리하고 똑똑한 동물, 즉 지혜를 상징하는 동물이었다. 그러나 선악과 이야기(창세기 2:17, 3:5, 22)에서 선과 악을 분별하는 지혜를 얻는 것은 죄의 원천이다. 이 이야기를 엮은 시기는 다윗-솔로몬 시대다. 절대 권력을 가진 왕, 다윗이나 솔로몬이라도 자기 힘이나 지혜를 믿고 제멋대로 통치하면 죄의 길에 빠질 것이니 야훼 하나님의 말씀에 순종해야 한다는 은유도 포함되어 있다.

지혜전승의 토착화

초기 지혜 문학은 개인주의적 성향과 존재를 묻는 철학 사조를 그대로 반영하지만, 시간이 지나면서 야훼 신앙의 영향을 받는다. 지혜문학에서도 체제를 향한 강력한 비판이 등장하는 것이다. 지혜전승의 토착화다. 잠언은 "지혜의 근본은 주를 경외하는 것이다"라는 원칙을 내세우며 시작한다.

> 지혜 있는 사람은 이 가르침을 듣고 학식을 더할 것이요, 명철한 사람은 지혜를 더 얻게 될 것이다. 잠언과 비유와 지혜 있는 사람의 말과 그 심오한 뜻을 깨달아 알 수 있을 것이다. 주를 경외하는 것이 지식의 근본이거늘, 어리석은 사람은 지혜와 훈계를 멸시한다.(잠언 1:5–7)

지혜문학 안에서 이스라엘 고유의 야훼신앙이 드러난다. '주를 경외함', '하나님을 두려워함'을 강조하는 것이다. 동시에 신명기 4장 6절에서는 "지혜롭고 슬기로운 백성은 하나님의 율법을 순종한다"며 율법과 지혜를 화해시킨다. 모든 인간 공동체는 살아가면서 자신들만의 지혜를 생산하고 전달해 나간다. 지혜문학이 외국의 사조에서 유입되었다고 할지라도 시간이 지나면 야훼신앙 아래서 형성된 지혜들이 새롭게 생겨난다. 따라서 지혜문학 또한 공동체 고유의 지혜와 밖에서 들어온 지혜가 함께 숨쉬고 공존한다.

지혜문학은 그동안 오경과 예언서가 미치지 못한 영역을 파고 들어간다. 일상에 대한 깊은 통찰이다. 사람이 살아가는 목적은 무엇일까, 삶에 다가오는 고통은 무슨 의미가 있는가, 우리의 존재는 어디에서 왔는가, 이렇게 철학적이고 실존적인 질문에서부터 살아가는 데 필요한 구체적인 지혜들 – 잔치 집에서는 어떻게 행동할까, 윗사람이나 부모와의 관계는 어떻게 하며, 주변 사람들과는 어떻게 행동하고 처신할까 등–이 모두 담겨 있다. 지혜문학은 일상 문제에 자세하게 관심을 두는 친절함이 있다. 오경이나 예언서가 민족의 역사와 야훼 신앙의 담론을 다루었다면 지혜는 개인적이고 일상적인 가르침들이 새로운 양식이 되어 오경과 예언서 신앙이 갖지 못한 영역에서 사람들의 삶을 보충해 준다.

잠언

잠언은 그 서두에 잠언을 기술하는 목적에 대해서 말한다.

> 이 잠언은 지혜와 훈계를 알게 하며, 명철의 말씀을 깨닫게 하며, 정의와 공평과 정직을 지혜롭게 실행하도록 훈계를 받게 하며, 어수룩한 사람을 슬기롭게 하여 주며, 젊은이들에게 지식과 분별력을 갖게 하여 주는 것이니, 지혜 있는 사람은 이 가르침을 듣고 학식을 더할 것이요, 명철한 사람은 지혜를 더 얻게 될 것이다. (잠언 1: 2–5)

잠언은 모나지 않게 생활하는 법, 생활예절, 계급관, 세계관, 처세술 등 다양한 지혜들을 망라하였다. 이 지혜는 누구를 위한 가르침일까, 어떤 삶의 자리에 있는 이들을 위한 것일까, 잠언의 이야기들은 어떤 사회계층에 의해서 전달되었으며 그들의 사회적 삶은 어떠했을까?

> 너의 손에 선을 행할 힘이 있거든, 도움을 청하는 사람에게 주저하지 말고 선을 행하여라. 네가 가진 것이 있으면서도, 너의 이웃에게 "갔다가 다시 오시오. 내일 주겠소" 말하지 말아라. (잠언 3:27–28)

불의한 이익을 탐내는 사람은 자기 집에 해를 끼치지만, 뇌물을 거절하는 사람은 오래 산다. (잠언 15:27)

내 아이들아, 주님과 왕을 경외하고, 변절자들과 사귀지 말아라. 그들이 받을 재앙은 갑자기 일어나는 것이니, 주님이나 왕이 일으킬 재난을 누가 알겠느냐? (잠언 24:21–22)

왕 앞에서 스스로 높은 체하지 말며, 높은 사람의 자리에 끼어들지 말아라. 너의 눈앞에 있는 높은 관리들 앞에서 '저리로 내려가라'는 말을 듣는 것보다, '이리로 올라오라'는 말을 듣는 것이 더 낫기 때문이다. (잠언 25:6–7)

위와 같은 구절에서 보는 대로 잠언의 내용을 전달하는 사회계층은 비교적 여유가 있고 남을 도울 만한 경제력을 가진 사람들 이다. 이 글의 대상은 남에게 부정한 선물이나 뇌물을 받을 만한 위치에 있는 사람들, 왕을 쉽게 대할 수 있어서 왕 앞에서의 처세술을 알아야하는 정도의 고관에 해당하는 계층이다.

왕정의 궁정학교

잠언의 모든 말씀을 시작하는 첫 머리 형식은 "아이들아, 아버지의 훈계를 잘 듣고, 어머니의 가르침을 저버리지 말아라."(잠언 1:8)는 말이다. 이러한 서두는 잠언의 내용이 아이들을 교육하기 위한 목적으로 쓰인 훈계성 교훈이라는 것을 말해준다. 잠언의 삶의 자리가 왕족이나 귀족의 자녀를 가르치는 왕정의 궁정학교라는 것을 보여준다. 잠언은 거기서 쓰이는 교재성격의 교훈집이다. 그러기에 귀족의 자녀들이 흔히 빠지기 쉬운 성적 호기심과 성적 타락에 대해 여러번 강조한다.

분별력을 간직하고, 네 입술로 지식을 굳게 지켜라. 음행하는 여자의 입술에서는 꿀이 떨어지고, 그 말은 기름보다 매끄럽지만, 그것이 나중에는 쑥처럼 쓰고, 두 날을 가진 칼처럼 날카롭다. 그 여자의 발은 죽을 곳으로 내려가고, 그 여자의 걸음은 스올로 치닫는다. (잠언 5:2–5)

아내는 사랑스러운 암사슴, 아름다운 암노루, 그의 품을 언제나 만족스럽게 생각하고, 그의 사랑을 언제나 사모하여라. 내 아들아, 어찌하여 음행하는 여자를 사모하며, 부정한 여자의 가슴을 껴안겠느냐? (잠언 5:19–20)

그의 남편이 질투에 불타서 복수하는 날, 조금도 동정하여 주지 않을 것이다. 어떤 보상도 거들떠보려고 하지 않을 것이며, 아무리 많은 위자료를 가져다 주어도 받으려 하지 않을 것이다. (잠언 6:34–35)

"훔쳐서 마시는 물이 더 달고, 몰래 먹는 빵이 더 맛있다"하고 말한다. 그런데도 어리석은 사람은, 죽음의 그늘이 바로 그 곳에 드리워져 있다는 것을 모른다. 그 여자를 찾아온 사람마다 이미 스올의 깊은 곳에 가 있다는 것을, 그 어리석은 사람은 알지 못한다. (잠언 9:17–18)

잠언이 교훈을 전달하는 방식

잠언은 다양한 수사학(修辭學)으로 교훈을 전달한다. 특이한 넘버링

(Nunbering) 방식, 우리의 삶에서 경험하는 동물이나 자연의 행태로 말하기 등이다.

> 기이한 일이 셋, 내가 정말 이해할 수 없는 일이 넷이 있으니, 곧 독수리가 하늘을 날아간 자취와, 뱀이 바위 위로 지나간 자취와, 바다 위로 배가 지나간 자취와, 남자가 여자와 함께 하였던 자취이다. 간음한 여자의 자취도 그러하니, 먹고도 안 먹었다고 입을 씻듯이 "나는 아무런 악행도 한 일이 없다" 한다. 세상을 뒤흔들 만한 일이 셋, 세상이 감당하지 못할 일이 넷이 있으니, 곧 종이 임금이 되는 것과, 어리석은 자가 배불리 먹는 것과, 꺼림을 받는 여자가 시집을 가는 것과, 여종이 그 안주인의 자리를 이어받는 것이다. 땅에서 아주 작으면서도 가장 지혜로운 것이 넷이 있으니…(잠언 30:18–19)

> 게으른 사람아, 개미에게 가서, 그들이 사는 것을 살펴보고 지혜를 얻어라. 개미는 우두머리도 없고 지휘관도 없고 통치자도 없지만, 여름 동안 양식을 마련하고, 추수 때에 먹이를 모아 둔다. 게으른 사람아, 언제까지 누워 있으려느냐? 언제 잠에서 깨어 일어나려느냐? (잠언 6:6–9)

잠언의 가부장적 여성관

그런데 궁정학교의 고위직 자녀라는 계급성은 당시 사회가 지닌 가부장적 세계관이라는 한계를 뚜렷하게 노출시키기도 한다. 잠언의 마지막 장에서는 당시 사회에서 이상적으로 생각한 여성관을 이렇게 그린다.

누가 유능한 아내를 맞겠느냐?

그 값은 진주보다 더 뛰어나다.

남편은 진심으로 아내를 믿으며 가난을 모르고 산다.

그의 아내는 살아 있는 동안,

오직 선행으로 남편을 도우며, 해를 입히는 일이 없다.

양털과 삼을 구해다가, 부지런히 손을 놀려 일하기를 즐거워한다.

또한 상인의 배와 같이, 먼 곳에서 먹거리를 구하여 오기도 한다.

날이 밝기도 전에 일어나서 식구들에게는 음식을 만들어 주고,

여종들에게는 일을 정하여 맡긴다.

밭을 살 때에는 잘 살펴본 다음에 사들이고,

또 자기가 직접 번 돈으로 포도원도 사서 가꾼다.

허리를 단단히 동여매고, 억센 팔로 일을 한다.

사업이 잘 되어가는 것을 알고, 밤에도 등불을 끄지 않는다.

한 손으로는 물레질을 하고, 다른 손으로는 실을 탄다.

한 손은 펴서 가난한 사람을 돕고, 다른 손은 펴서 궁핍한 사람을 돕는다.

온 식구를 홍색 옷으로 따스하게 입히니, 눈이 와도 식구들 때문에 걱정하는 일이 없다.

손수 자기의 이부자리를 만들고, 고운 모시 옷과 자주색 옷을 지어 입는다.

남편은 마을 원로들과 함께 마을회관을 드나들며, 사람들의 존경을 받는다.

그의 아내는 모시로 옷을 지어 팔고, 띠를 만들어 상인에게 넘긴다.

자신감과 위엄이 몸에 배어 있고, 미래에 대한 두려움이 없다.

입만 열면 지혜가 저절로 나오고, 혀만 움직이면 상냥한 교훈이 쏟아져 나온다.

집안 일을 두루 살펴보고, 일하지 않고 얻은 양식은 먹는 법이 없다.

자식들도 모두 일어나서, 어머니 업적을 찬양하고
남편도 아내를 칭찬하여 이르기를
"덕을 끼치는 여자들은 많이 있으나, 당신이 모든 여자 가운데 으뜸이오" 한다.
고운 것도 거짓되고, 아름다운 것도 헛되지만, 주님을 경외하는 여자는 칭찬을 받는다.
아내가 손수 거둔 결실은 아내에게 돌려라.
아내가 이룬 공로가 성문 어귀 광장에서 인정받게 하여라(잠언 31:10–31)

필자가 청년이었을 때에는 결혼하는 여성에게 교회의 목사가 덕담으로 하던 말씀이다. 하지만 지금은 설교 중간에 자동으로 '아멘'을 하는 교우들일지라도 이 말씀 앞에서는 차마 입이 떨어지지 않을 듯하다. 도대체 이 여성은 언제 잠을 자며, 언제 쉰단 말인가. 자기 자신을 위한 삶은 어디에 있단 말인가. 일하는 여성들의 삶을 위해 '수퍼우먼 방지법'을 발의하는 우리의 현실에서 "진정한 수퍼우먼이 되라"고 권하는 잠언의 말씀은 불편하다.

잠언의 여성은 경제 활동의 주체이기도 하다. 그는 직접 집안의 모든 살림살이를 돌본다. 몸이 열 개라도 모자랄 판이다. 이 이야기의 압권은 "밭을 살 때에는 잘 살펴본 다음에 사들이고, 또 자기가 직접 번 돈으로 포도원도 사서 가꾼다."(16절)는 구절이다. 남성이 바라는 모든 요구사항이 여기에 응축되어 있는 듯하다.

그럼, 남자는 도대체 무엇을 하나? "남편은 마을 원로들과 함께 마을회관을 드나들며, 사람들의 존경을 받는다."(23절)고 하니 이 시대에는 남자로 태어났다는 것 하나만으로도 자신의 사회적 위치와는 별도로 이미 가정에서는 절대 귀족으로 군림하는 셈이다. 이러한 본문은 가부장제 아래에 있는 여성들의 삶에 가해진 엄격한 한계를 드러낸다. 잠언의 여성상은 오늘 우리들 기준과는 많이 다르다.

이 시대의 여성관이 엄격한 한계가 있지만 오늘 우리들이 여성을 보는 관점과는 많이 다른 풍속도 볼 수 있다. 여성의 아름다움의 기준도 다른 것 같다. 여기에 나오는 여성은 허리가 잘룩한 요즈음 서양적인 미의 기준을 충족시키는 여성은 아니다. 그녀는 "허리를 단단히 동여매고, 억센 팔로 일을 한다."(17절) 억센 팔로 일 잘하는 여성이 이상적인 여성으로 칭송받는다. 또한 여성이 집안 살림만을 하지 않는다. 재산권과 경제권을 가지고 집안일은 물론이지만 밖의 일도 척척 처리하는 모습이 인상적이다. 여성을 집안에 들인 머슴정도의 노동의 도구로 생각하는 측면이 큰 것 같다.

룻기 - 이새의 그루터기들의 이야기

예수는 갈릴리의 촌구석인 나사렛 출신이다. 그런데 있는지 없는지도 모르는 작은 시골 마을의 사람이 이스라엘의 위대한 왕 다윗의 후손이란다. 여기에는 이스라엘의 바람이 담겨있다. 이스라엘 민족이 기다린 메시야는 다윗과 같은 왕으로, 장대한 왕국을 다시 세울 분이었다. 그래서 예수는 메시아의 가계를 이었고, 다윗의 조상들의 고향인 베들레헴 출생이어야 했다. 마태복음서는 새로운 메시아에 대해서 이렇게 말한다.

> 너 유대 땅에 있는 베들레헴아, 너는 유대 통치자들 가운데서 가장 작지 않

> 다. 네게서 통치자가 나올 것이니, 그가 내 백성 이스라엘을 먹일 것이다. (마태 2:6)

이 말씀은 구약의 미가서를 인용한 것이다.

> 그러나 너 베들레헴 에브라다야, 너는 유다의 여러 족속 가운데서 작은 족속이지만, 이스라엘을 다스릴 자가 네게서 내게로 나올 것이다. 그의 기원은 아득한 옛날, 태초에까지 거슬러 올라간다. (미가 5:2)

여기서 에브라다는 에브랏 집안의 땅을 말한다. 룻기는 바로 이 에브랏 집안의 이야기로 시작한다.

> 사사 시대에 그 땅에 기근이 든 일이 있었다. 그 때에, 유다 베들레헴 태생의 한 남자가, 모압 지방으로 가서 임시로 살려고, 아내와 두 아들을 데리고 길을 떠났다. 그 남자의 이름은 엘리멜렉이고, 아내의 이름은 나오미이며, 두 아들의 이름은 말론과 기룐이다. 그들은 유다 베들레헴 태생으로서, 에브랏 가문 사람인데, 모압 지방으로 건너가 거기에서 살았다. (룻1:1–2)

에브랏은 야곱이 사랑하던 여인 라헬이 베냐민을 낳다가 죽어 묻힌 한 많은 땅이다. 이스라엘의 조상 야곱이 누리지 못한 사랑의 안타까움이 서려있는 곳이며 마음을 다해 사랑하는 여인이 목숨 바쳐 남긴 선물, 베냐민과 관련된 땅이기도 하다.

엘리멜렉의 두 아들 중 말론은 '질병'이란 뜻의 이름이고, 기룐은 '소멸, 파멸'이라는 뜻을 지닌 이름이다. 이름이 상징하는 대로 모두 객지에서 젊은 나이에 요절하고 말았다. 두 며느리 룻과 오르바는 두 아들이 죽은 뒤에도 정성을 다했지만 시어머니인 나오미는 그들의 인생을 위해 각자 친정으로 돌아가라고 한다. 그러나 오르바가 돌아간 후에도 룻은 어머니와 함께 하겠다며 남는다. 룻의 간청은 룻기의 백미이다.

> 나더러, 어머님 곁을 떠나라거나, 어머님을 뒤따르지 말고 돌아가라고는 강요하지 마십시오. 어머님이 가시는 곳에 나도 가고, 어머님이 머무르시는 곳에 나도 머무르겠습니다. 어머님의 겨레가 내 겨레이고, 어머님의 하나님이 내 하나님입니다. 어머님이 숨을 거두시는 곳에서 나도 죽고, 그 곳에 나도 묻히겠습니다. 죽음이 어머님과 나를 떼어놓기 전에 내가 어머님을 떠난다면, 주께서 나에게 벌을 내리시고 또 더 내리신다 하여도 달게 받겠습니다. (룻기 1:16-17)

나오미는 룻의 강한 의지를 확인한 뒤, 더 이상 고향으로 돌아가라고 등을 떠밀지 않았다. 나오미는 고향 베들레헴에 풍년이 들었다는 소식을 듣고 룻과 함께 자신의 고향으로 돌아온다. 룻은 남편의 친척인 보아스의 타작마당에서 떨어진 이삭을 주어먹으며 나오미와 생계를 유지한다. 보아스가 먹으라고 준 음식을 몰래 가져와 어머니 앞에 펼쳐놓고 함께 나누는 대화는 애절하다. 가족을 잃고 과부의 몸으로 모질게 살아가지만 풋풋한 인간미를 가진 가난한 여인들의 이야기가 룻기 전체의 분위기를 감싼다.

두 여성의 딱한 사정을 눈치 챈 보아스는 그의 타작마당에서 룻이 이삭을 잘 주울 수 있도록 특별히 배려한다. 보아스는 신명기의 말씀대로 약자를 위한 배려를 아끼지 않았다. 결국 보아스는 룻을 아내로 맞아들여 시형제 결혼의 의무[1]를 다한다.

룻기에는 누구하나 나쁜 역할을 하는 사람이 없다. 사사시대에 기근이 들었을 때에 일어난 가난한 사람들의 이야기이지만, 그 어려움을 끈끈한 정으로 극복해 나가는 한편의 드라마다.

독일의 구약성서 학자 마르틴 노트(Martin Noth, 1902-1968)는 신명기부터 열왕기까지 나오는 책들을 '신명기역사서'라고 하여 단일한 역사적 서술로 본다. 그런데 룻기는 성격은 좀 다르다. 룻기는 출애굽부터 광야의 이야기, 가나안 정복, 사사시대의 역사 서술과 본격적인 다윗왕조의 역사의 중간에 삽입된 다른 성격의 기록 같다. 룻기는 이스라엘 민족의 역사 서술이라고 보기는 어렵다. 보아스의 타작마당을 배경으로 펼쳐지는 한 편의 연극, 혹은 한편의 소설에 가깝다. 그래서 룻기를 성문서 속에 분류한다.

나는 룻기가 구약성서에서 다윗왕조의 역사 서술 이전에 자리 잡은 것은 단지 그 배경이 사사시대라서가 아니라고 생각한다. 다윗왕조의 번영에는 "왕은 영원히 다윗의 후손에서 나올 것이다"는 일종의 '왕조신학'이 있었다(삼하 7장). 이런 대전제는 다윗왕조가 두 세대를 넘기지 못하고 남 유다와 북 이스라엘로 분열된 뒤에도 유지되었다. 하지만 왕이라는 권력자 집단에 비판적이었던 예언자들은 왕조국가가 망해가는 후반기로 갈수록 더욱 통렬한 반성과 비판을 쏟아낸다. 유다의 예언자였던 이사야는 "다윗의 후손에서 왕이 나온다."는 왕조신학을 비판했다. 화려한 다윗의 왕통이 아니라 보잘 것 없는 마을 베들레헴의 양치기였던 다윗의 아버지 이새를 내세움으로 우회적으로 비판한다. 그

1) 고대 이스라엘에서는 과부가 된 여인이 혈족이 없을 경우, 시형제결혼법이 있었다.(신 25:5-10). 어떤 가문에서 형이나 아우가 죽었을 때에 형수나 제수와 결혼해 대를 잇게 해 주는 제도다. 이스라엘은 자기 친족에 대한 책임이 매우 강한 민족이었다.

비판의 목소리는 이사야서에 등장하는 “이새의 뿌리”, “이새의 그루터기”(공동번역), “이새의 줄기”(개역, 표준새번역)라는 표현에 담겨있다.

> 이새의 그루터기에서 햇순이 나오고 그 뿌리에서 새싹이 돋아난다. (사11:1, 공동번역)

그루터기, 줄기, 뿌리에서 새 가지가 나온다는 말은 지금까지 무성하던 가지는 잘리고 그 밑둥에서 새로운 역사가 시작된다는 표현이다. 이사야는 다윗왕조는 실패했으며, 더 이상 이스라엘 백성을 대변하지 못한다고 생각했다. 백성위에 군림하는, 그들의 피와 눈물 위에서 유지되는 왕조는 무너져야 했다. 보잘 것 없던 시골 양치기 목동 이새의 그루터기로 돌아가야만 했다. 거기서 햇순이 나올 때라야 이스라엘 왕국이 참다운 하나님의 뜻을 이어 갈 수 있다는 것이다. 그리고 룻기는 바로 이새의 뿌리가 된 ‘베들레헴 에브랏’ 가문의 이야기이다. 보아즈가 룻과 결혼해 나오미의 남편 엘리멜렉의 땅을 맡고, 룻이 낳은 오벳이 이새의 아버지 즉, 다윗의 할아버지가 된 이야기이다.

룻기는 “베들레헴 에브랏” 가문의 이야기이다. 사무엘상, 하, 열왕기상, 하의 본격적인 역사 서술로 넘어가기 전에 전혀 문학적인 장르가 다른 해프닝과 같은 이야기가 자리잡은 이유는 모든 왕도의 기본을 가르쳐주기 위해서이다. 비극의 시작인 나오미의 남편 엘리멜렉의 이름은 “나의 하나님은 왕이시다”라는 뜻을 담고 있다. 참다운 왕은 다윗의 후손에서 나오는 것이 아니라 하나님 자신에게서 나와야 한다는 뜻이다. “하나님만이 우리의 참다운 왕”이라는 깊은 의미가 이름에 담겨 있다.

룻과 나오미, 나아가 라헬로 이어지는 여성들의 애절한 이야기는 다윗왕조의 뿌리가 어디에 있어야 되는가를 점검한다. 가난한 민중의 눈물, 이방여인과 과부의 아픔, 그들을 도우면서 가문의 대를 이으려는 사람들의 소박한 이야기를 거대한 왕조의 시작 전에 배치하여 서로 대비시킨다. 바로 이런 가난한 사람들의 소박하고 순수한 애정과 연대가 거대한 왕조의 권력이 서 있는 뿌리다. 룻기의 위치는 흥미롭다. 룻기는 사사기와 사무엘상 하 사이에 있다. 사무엘서는 이스라엘이 국가로서의 본격적인 시작을 서술한 역사서다. 소설에 가까운, 따라서 문학의 장르가 전혀 다른 룻기 이야기가 국가의 역사가 시작하는 바로 앞에 자리 잡아 국가 권력에 왕도의 시원을 알려주기 위함이다. 그런 의미에서 룻기는 다윗왕조가 자신들의 뿌리를 잊는다면 그 왕조는 잘려져 나가야 한다는 경고이기도 하다. 눈물겨운 단막극 같이 부드러운 이야기이지만 그 안에는 거대한 왕조에 대한 경고가 숨어있다.

룻기는 베레스에서 시작해 다윗에 이르는 족보로 마무리된다.

> 다음은 베레스의 계보이다. 베레스는 헤스론을 낳고, 헤스론은 람을 낳고, 람은 암미나답을 낳고, 암미나답은 나손을 낳고, 나손은 살몬을 낳고, 살몬은(라합에게서) 보아스를 낳고, 보아스는 (룻에게서) 오벳을 낳고, 오벳은 이새를 낳고, 이새는 다윗을 낳았다. (룻기 4:18–22)

룻기가 제시하는 족보의 시작을 알리는 인물 베레스는 유다가 며느리인 다말과의 사이에서 낳은 아들이다. 유다는 맏아들 엘이 후손 없이 죽었기 때문에 당시의 관습대로 둘째 아들 오난에게 형의 미망인인 다말과 결혼하여 형의 후손을 이어주라고 명했다. 오난은 다말과의 사이에서 낳은 자식이 자신의 후손이 되지 않을 것이므로 이 의무를 다하지 않았다. 이에 하나님은 그를 죽이셨고(창세 38:8-10), 다말은 시아버지인 유다와의 사이에서 결국 아들을 낳았다. 시대와 문화의 차이를 고려한다 해도 불편한 이야기다. 오난은 자신의 의무를 다하지 않아 결국 죽음에 이르렀고, 다말은 시아버지를 속여가며 아들을 낳았으니 자랑스러운 이야기일리는 없다. 그런데 룻기는 그렇게 세상에 어렵게 나온 조금 불편한 인물 베레스를 굳이 다윗의 시조로 삼는다. 보아스도 그렇다. 왕의 족보로서는 화려하지도 우아하지 않은 기생 라합에게서 난 사람이다. 룻과 보아스 사이에 난 다윗의 할아버지 오벳을 포함해 이 에브랏 가문의 족보에는 어려운 고비를 넘어가는 이스라엘 사람들의 이야기가 응축되어 있다.

이 족보의 시작 바로 앞에는 "이웃 여인들이 그 아기에게 이름을 지어 주면서 '나오미가 아들을 보았다!' 하고 환호하였다. 그들은 그 아기의 이름을 오벳이라고 하였다."(룻 4:17)라는 구절이 나온다. 오벳은 나오미 가문의 아들이다. 오벳은 분명 룻과 보아스 사이에서 태어났지만 보아스 가문에 편입되어서는 안된다. 그는 시형제 결혼법에 따라 죽은 나오미의 남편과 아들의 끊어진 가계를 이어야할 사람이다.

성경에 등장하는 족보이야기는 기록자체 보다는 위대한 인물의 뿌리를 추적하거나 미화하는데 목적이 있다. 성경에 가장 정리가 잘 된 족보는 구약에서는 다윗의 족보, 신약에서는 예수의 족보다. 이 둘은 결국 하나로 이어진다. 다윗에게 초점을 맞춘 이스라엘과 유다의 구원사가 신약시대 예수에게 이어진다는 메시지이다. 위대한 왕 다윗의 계보를 밝히는 것이 구약에 서술된 족보의 주된 임무일 것이다. 룻기 마지막에 나오는 다윗가문의 족보는 역대기의 내용과도 유사하다. 공식적으로 확보된 다윗의 조상들인 것이다. 그러나 룻기는 정통 왕가 다윗의 뿌리의 이야기를 기근으로 몰락의 위기를 겪었던 극빈 상태의 한 여성이 어렵게 그 가문을 이어가는 이야기와 합류시킨다. 룻기의 이야기는 다윗의 뿌리들이 어떤 고난 속에서 삶을 살았으며 어떻게 협력하여 그 어려움을 극복했는지를 말한다. 마치 오페라의 서곡처럼, 어려움을 겪어낸 조상들의 이야기, 서로 도우면서 생존의 위기를 넘어선 감동의 드라마를 본격적인 왕조역사의 서술 전에 던져 놓음으로 이스라엘과 유다의 역사가 어떤 방향으로 나아가야 되는지를 제시한 것이다.

이야기는 이야기로 끝나지 않는다. 하나의 이야기가 사람들 사이에서 오랜 시간 반복되고 널리 퍼지면 이야기 속의 함의는 자연스레 사람들 속에 스며든다. 그래서 우리는 고대의 소설, 시 등 다양한 전승 속에서 그것이 반영하는 시대정신, 혹은 집단의식을 찾는다.

"너희의 근원을 생각하라.",

"네 자리의 시작을 잃지 말아라."

4장짜리 짧은 성서 룻기는 권력을 향해 이렇게 말한다. 유월절 후 50일째 되는 날, 즉 오순절 축일에 온 민족이 이 두루마리를 펼쳐 읽으며 이스라엘은 자신들 위에 군림하고 있는 왕을 생각했을 것이다. 빛나고 화려한 왕좌에 앉은 이의 조상들, 즉 권력의 시원(始原)을 떠올렸을 것이다. 다윗 왕조가 아무리 성하여도 그들이 뿌리의 이야기를 잊고 민중의 삶에서 벗어나면 정당성을 상실한 정권이 된다는 메시지가 룻기가 우리에게 들려주는 이야기이다. 권력이 아무리 막강하다 해도, 넓게 퍼진 민중의 의식과 거기에 뿌리내린 무의식적 저항을 이길 수는 없다.

그래서 권력은 대중으로부터 자기 정당성을 확보하기 위해 수많은 조치를 취한다. 확실한 정당성이 토대가 되면, 이미 천하를 얻은 것이다. 그리고 그 정당성은 언제나 민중 의식을 따를 때에 얻을 수 있다. 종교든 정치든 권력이 민중의 길을 함께 걸을 수 있다면, 거기 바로 정도(正道)가 있다.

생각할 문제

오경과 예언서는 '사회의 구성원으로서의 한 인간'에 주목했다. 전통적인 이스라엘 민족은 엄격한 공동체성과 연대의식 속에서 한 인간을 해석했다. 이와는 달리 지혜문학은 개인적인 인간 존재에 관심을 둔다. 사회의 한 부분으로서의 인간의 가치와 존재이유를 묻기보다 "인간은 어디에서 왔는가?"라는 근원적 질문을 던지는 것이다.

인간은 세상이 어디에서 와서 어디로 가는지 알고자 한다. 이런 질문은 단순한 지적 호기심을 넘어 자기 존재를 찾고 이해하고자 하는 인간의 본능적 욕구에 닿아있다. 거대한 우주가 돌아가는 이치를 깨달을 때, 비로소 인간은 그 우주의 한 부분이며 거기에 동참하는 자신의 존재 이유를 납득할 수 있다. 큰 그림에서 한 개인의 존재 이유를 발견한다는 것은 먹고 사는 일상의 무의미함과 죽음의 두려움마저 넘어설 수 있음을 의미하기도 한다.

그렇기에 인간은 시대와 국가를 막론하고 존재의 시작, 궁극의 시원(始原)을 탐구의 대상으로 생각해왔다. 고대에는 철학적 사유나 신앙의 세계에서 답을 찾았지만, 현대에 와서는 과학의 힘을 빌어 그 막연한 상징의 세계가 물질의 차원에서 인간의 합리적 사고로 설명되기 시작했다. 과학은 신비를 잃게 하는 것일까? 성서와 과학이 말하는 존재의 근원은 어떤 차이가 있는지 이런 주장들이 서로 만나는 가능성은 없는지 이야기해보자.

우주의 탄생과 인간 존재의 근원[2)]

장관 후보자 하나로 인해 창조과학회라는 모임이 조명받았다. 국민들은 대단한 것이 있을 줄 알았지만 소위 과학의 이름을 붙인 맹신의 실체를 보았다. 성서를 문자적으로 받아들이는 이들은 하나님이 창조하신 때부터 지금까지-성서의 족보에 나오는 인물들의 연도를 아담부터 전부 합하면- 약 6천년 정도라고 설명한다. 따라서 "하나님이 6천년 전 천지를 창조하셨다"고 주장한다. 그런데 그 시간은 이미 고대 이집트와 바벨론이 제국을 이루고 있을 때이다. 그렇다면 하나님께서 흙으로 인간을 빚으실 때에 그 옆에 고대 이집트와 바벨론 왕들이 와서 "당신 흙을 주물럭거리며 무엇을 하고 있는 게요?"하고 물었을 것 같다. 성서가 지금과 똑같은 기준으로 날짜를 계산했다고 말하기는 어렵다. 창세기에서 하나님이 세상을 창조하신 일주일 동안의 '하루'는 10억년일 수도, 20억년 일 수도 있다.

저명한 화가인 조지아 오키프(Georgia O'Keeffe)는 "우주의 몸"을 주제로 그림을 그렸다. 그녀는 우주를 아름답게 그렸는데 마치 소용돌이 치는 꽃과 같이 사슴의 뿔과 같이 그렸고 땅도 붉게 물들어 타오르는 모습으로 그린다. 그것은 꽃이나 동물이나 땅과 우주 모두가 공동의 구성요소로 이루어졌고 모양이 다른 우주의 공동의 몸이라는 표현일 것이다.[3)]

---

2) 이 강좌는 "지구, 생명체, 호모 사피엔스"라는 주제로 필자가 2017년 6월 예수살기 성서학당에서 행한 강연이다.

3) 이 글의 내용은 주로 매튜 폭스, *Sins of the Spirit, Blessings of the Flesh*『내 몸과 영혼의 지혜』한성수 역(생태문명연구소, 2016)에서 가져왔다. 이에 영감을 받아 우주와 과학 서적을 다수 참조했으나 처음에 설교로 작성한 글이라 모든 글에 정확한 인용 표시를 하지는 않았다. 하지만 당연한 과학적 사실 외에 논란이 될 만한 주장들은 가급적 인용 표시를

빛 – 만물의 근원

하나님께서 세상을 창조하시던 첫째 날 "빛이 있어라"하시니 그대로 되었다. 빛이 시작이다. 우리가 볼 수 있는 모든 우주는 빛의 산물이다. 현대물리학이 밝힌 바에 의하면, 우리가 물질이라고 부르는 모든 것은 '응고된 빛'이다.[4] 따라서 빛과 물질은 궁극적으로 상호변환이 가능하다. 눈에 보이는 물체의 구조를 끝없이 분석해 들어가면, 마지막에 물질적 실체는 아무것도 남지 않는다. 물질에 궁극적인 물리학적 실체는 없다.[5] 과학자들은 물질은 중력에 의해서 갇혀진 빛이라고 한다.[6]

138억 년 전, '빅뱅'이라 부르는 거대한 폭발이 일어났다. 세상의 시작이다. 그 폭발로부터 나온 빛이 서로 뭉쳐서 물질을 만들었고 우주를 형성했다. 인간의 몸도 우주의 한 조각이며 그 근본은 빛이다. 물질을 쪼개어 들어가면 결국 남는 건 빛이다. 우리 몸을 이루는 모든 원소-산소, 수소, 탄소, 질소, 인, 칼슘, 철 등-도 빛의 화합물이다. 우리가 매 순간 호흡하는 공기도 빛의 덩어리이며, 매일 먹는 채소, 곡식, 과일도 광합성을 통해서 빛에서 빚어진 것들이다. 모든 생명의 근본이라는 DNA도 빛의 덩어리이다. 우리들은 빛의 아들, 딸들이다.

빛은 서로 뭉치고 분열하는 상호작용을 한다. 반면 우주에는 다른 물질과 상호작용하지 않는 물질이 있다. 그것은 빛이 아니기에 자신을 드러내지도 않고, 따라서 지금으로서는 관측 불가능하기에 알 수도 없는 물질이다. 하지만 질량을 가지고 에너지를 가진다. 우리는 그것을

하고자 노력하였다.

4) David Bohm, Ibid., P. 116.

5) Michael Talbot, *Sins Mysticism and the New Physics,* (London: Arkana/Penguin, 1993), 50, Ibid.에서 인용

6) Jack Sarfatti, Ibid., P. 117에서 인용

암흑물질, 암흑에너지라고 하는데 이것이 우주의 95%를 차지한다. 빛은 우주의 5% 뿐이지만, 상호작용하면서 우리 눈에 보이는 모든 것, 즉 광활한 우주와 생명을 만들었다.

생명은 모든 사람의 빛이었다

물질의 기본 단위는 원자다. 그런데 원자의 구조는 '텅 빈 공간' 임을 발견하게 된다. 원자핵 주위에는 전자라고 부르는 작은 입자들이 있다. 원자를 베드로 성당의 크기에 비교한다면 원자핵은 그 가운데에 소금 결정 하나 정도의 크기이다. 한 원자의 세력이 미치는 대부분의 공간이 비어있다.[7]

우주 에너지의 대부분은 물질 속에 있다. 물질을 이루는 입자들은 빛의 입자들이다.[8] 물질의 원자 한 개 안에는 10억 개나 되는 광자(光子, light particles)가 있다.[9] . 몸은 10^{14}개의 세포로 이뤄져있고, 하나의 세포에도 10^{14}개의 원자가 있으니 인간의 몸은 적어도 10^{28}개의 원자로 채워져 있다. 어마어마한 양의 빛을 포함하고 있는 셈이다. 이 빛의 양은 100만 와트의 전등으로 3시간동안 야구장을 조명하기에 충분한 빛의 양이다.[10] 그러니 하나님께서 창조의 첫날 빛을 만드시고, 그것을 시작으로 만물을 만드셨다는 것은 당연히 과학을 말한 것이 아니지만 우연하게도 현대물리학과도 통한다.

---

7) Michael Talbot, Ibid., P. 116.

8) Arne A. Wyller, *The Planetary Mind* (Aspen, CO:MacMurrey & Beck, 1996), 219. Ibid., P. 117.

9) Ibid.

10) Ibid., P. 118.

우주의 시작과 크기

우주는 무한히 작은 점 하나에서 터져 나왔다. 이에 관해 과학자들은 "태초에 바늘 끝만한 용적에 갇혔던 빛이 빅뱅에 의해서 터져 나왔다"고 설명한다. 빅뱅은 과학자들 사이에서 이미 널리 인정된다. 1900년대에 들어와 첨단 장비들의 등장하면서 과학자들은 별들이 지구에서 점점 멀어지고 있다는 사실을 발견했다. 지구에서 거리가 멀리 떨어진 별일수록 지구로부터 더 빠르게 멀어지고, 가까운 곳의 별들은 상대적으로 천천히 멀어졌다. 빅뱅 이후에 우주가 계속 팽창하고 있다는 증거였다.

빅뱅이론은 우주에 시작점이 있다고 본다. 탄생 직후 우주는 직경 1m, 순간 온도 1천 억℃인 초고밀도의 뜨거운 덩어리였다. 그러나 이 덩어리는 급속도로 팽창하면서 밀도가 낮아진다. 4분 후 철과 같은 밀도로 변했고, 11분 후에는 물 만큼의 밀도를, 5시간 후에는 공기만큼의 밀도를 지니게 되었다. 빅뱅이론은 우주가 고정된 실체이고 영원하다고 이해하던 고정된 우주론을 뒤집는다. 이 세상이 어느 시점에서 시작했으며, 끊임없이 움직이고 있다고 본다. 태초의 시작, 하나의 구심점으로부터의 분화다.

성서는 인간이 하나로부터 시작되었음을 말한다. 그리고 에덴동산에서 자기 자신의 에고를 자각함으로 하나님으로부터 '분리'되었음을 말한다. 우주의 모든 조직은 원래 하나였고 그 분리가 죄의 시작이라고 말이다. 인간은 본디 하나님의 동산 안에, 혹은 하나님과 분리되지 않은 상태의 에덴동산을 버리고 '분리'를 택해서 나왔다. 성서의 창조와 인간 기원의 이야기는 단순히 세상의 시작에 관한 이야기가 아니다. 하나님으로부터 분화된, 태초의 빛으로부터 분리되어 나온 인간의식의 기원을 설명한다.

GRB090429B이란 복잡하기 짝이 없는 이름의 별이 있다. 이 별은 2009년 NASA에서 처음 발견했는데, 지구로부터 무려 131억 4000만 광년이나 떨어져있다. 1광년은 약 9조 4600억 km다. 평상시 인간의 감각으로는 상상조차 하기 힘든 어마어마한 거리다. 그런데 131억 광년이라는 거리는 시간이기도 하다. 관측된 순간 별의 모습이 131억 4000만 광년 전의 모습이라는 의미다. 지금 현재 상태에 이 별이 존재하는지는 알 수 없다. 이미 사라졌거나 다른 별 안에 흡수되었을지도 모른다. 밤하늘을 관측할 때 사실 우리는 각기 다른 시간을 동시에 보는 것이다. 밤하늘에는 1초 전의 모습인 달에서부터 131억 년 전의 모습을 볼 수 있는 별까지 각종 시간 세트가 한꺼번에 펼쳐져 있다. 밤길을 걷다 잠시 멈춰 서서 밤하늘을 바라보라. 광활한 우주의 유구한 시간이 파노라마처럼 펼쳐진 광경을 만날 수 있을 것이다. 이 말은 동시에 '나'라는 존재도 관측하는 거리에 따라 유아기부터 노년까지를 파노라마처럼 동시에 볼 수 있다는 것이다.

하나님이 지으신 세상은 안으로 들여다볼수록 깊고 세밀하며 밖으로 시선을 돌리면 인간의 감각으로 지각할 수 없을만큼 거대하다. 이 세상의 근원이 하나님이라는 깊은 신앙으로 바라보면 모든 물질 세계는 신비롭기만 하다. 그리고 인간은 그 궁극의 신비에 끝없이 닿고자 한다. 세상의 크기는 얼마나 될까. 그 크기를 잴 수는 있을까. 이 시공간은 과연 경계나 끝이 있을까.

우리가 속한 태양계부터 시작해보자. 태양을 농구공 크기라고 치면 태양계는 태양을 중심으로 반경 3.2 Km크기의 공간이라 할 수 있다. 이 비율로 생각할 때, 태양계 밖에서 가장 가까운 별인 프록시마는

8,000km로 볼 수 있는데 이는 서울에서 캐나다의 뱅쿠버나 프랑스 파리 정도 떨어진 거리다. 또 이 태양계는 은하계에 속하는데, 은하계 중심에서 약 3만 광년이나 떨어져 있다. 이는 100마일(160km/시)로 달려갈 때, 2천 10억년이 걸리는 거리다.[11] 은하계에는 1천 억 개의 별들이 있는데 그 중에 적어도 90만 개의 생명체가 서식하기에 가능한 행성이 존재할 것으로 여겨진다.[12] 은하계는 우주의 1조분의 1이다. 이는 10만 톤 짜리 배에 박힌 작은 나사못 한 개에 불과하다.[13]

측량이 불가능할 것만 같은 공간, 그것이 하나님이 지으신 '세계'다. 한 인간이 자기 존재를 밖으로 확장시켜 나가면, 결국 닿는 곳은 신비와 경이, 그리고 겸허함일 것이다. 이 겸허는 그저 '측량할 수 없음'이나 '알 수 없음', 즉 인간의 지적 한계를 인정하는 데에서만 기인하지는 않는다. 티끌같이 작은 존재, 제한된 물리적 공간과 시간의 삶을 사는 한 인간 존재가 무한히 넓고 영원한 존재가 되는 것이다.

인간 존재의 근원

인간존재가 어디서부터 오는가? 존재의 뿌리에 관한 물음은 종교를 넘어서 매우 근원적이고 실존적인 물음이다. 지금 여기 나타난 한 인간이 존재의 시작과 끝일까. 이 모습이 전부일까. 성서는 자기 존재의 뿌리를 이렇게 말한다.

주께서 일을 시작하시던 그 태초에

11) Ibid., P. 123.
12) Ibid.
13) Ibid., P. 122.

주께서 모든 것을 지으시기 전에
이미 주께서는 나를 데리고 계셨다
영원 전, 아득한 그 옛날 땅도 생기기 전에
나는 이미 세움을 받았다.
아직 깊은 바다가 생기기도 전에
물이 가득한 샘이 생기기도 전에
나는 이미 태어났다
아직 산의 기초가 생기기 전에
언덕이 생기기 전에 나는 이미 태어났다.
(중략)
나는 그 분의 곁에 창조의 명공이 되어
날마다 그분을 즐겁게 하여 드리고
나 또한 그분 앞에서 늘 기뻐하였다
그분이 지으신 땅을 즐거워하며
그 분이 지으신 사람들을 내 기쁨으로 삼았다(잠언 8:22-31).

흔히 '지혜의 선재'라고 부르는 말씀이다. 지혜의 귀한 성격이 강조되다보니 인격화되고 신격화되기도 했다. 앞서 설명했듯 고대근동에서 유래한 '지혜의 신격화'는 그리스도교의 전통 교리인 삼위일체와 어긋난다. 어찌보면, 지혜를 인간에게서 분리해 다른 신적 존재로 보는 것은 일종의 우상화로 볼 수도 있다. 오히려 성서의 지혜는 인간존재의 심오함을 밝히는 뿌리에 대한 고백으로 보는 게 맞다.

예수께서는 "나는 아브라함 이전부터 있었다"(요한 8:58-59), "그(하나님)는 나를 창세전에 사랑했다"(요한 17:24)고 자기 존재의 근원을 말한 바 있다. 나이 서른의 새파란 청년이 유대인들이 조상의 조상이라고 생각하는 아브라함보다 먼저 있고 창세전에 있다고 하니, 나이가 지긋한 종교 지도자들이 이를 편하게 생각했을 리 만무하다. 기존 종교 지도자들을 불편하게 만드는 말은 예수가 그들의 미움을 사고 죽임을 당하는 계기가 되었다.

> 하나님은 세상 창조 전에 그리스도 안에서 우리를 택하시고 사랑해 주셔서, 하나님 앞에서 거룩하고 흠이 없는 사람이 되게 하셨습니다. (에베소서 1:4)

> 그는 나를 영원 전 태초에 창조했다. (집회서 24:9)[14)]

> 그러므로 하나님은 나를 택하시고 발견하시어 세계 창조 때부터 나를 그의 계약의 중보자로 예비하셨다. (모세의 승천기 1:14)[15)]

성경의 여러 곳에서 인간은 하나님께서 창조 전에 선택하셨고 하나님의 사랑을 입은 존재로 묘사된다. 하물며 잠언은 인간이 하나님과 함께 창조의 명공이 되어 "세상 창조에 동역한 존재"라고까지 말한다. 한 인간을 공간 뿐 아니라 시간에서도 영원까지 확장되는 존재로 본 것이다.

---

14) 집회서는 경전에 포함되지 않은 외경(外經) 중 하나다. 가톨릭 교회는 몇몇 외경(토비트, 유딧, 솔로몬 지혜서, 집회서, 바룩, 마카비상 하, 에스더 부록, 다니엘 부록 곧 세 청년의 노래, 수산나, 벨과 뱀 등)을 정경으로 채택했다.

15) 모세의 승천기는 위경(僞經) 중 하나로 모세가 죽기 직전 여호수아에게 전하는 형식으로 이루어진 이스라엘의 미래에 관한 예언서다. 위경은 구약의 정경이나 외경에 들지 않는 책을 가리킨다. '위경'에는 에녹서, 요벨서, 솔로몬 시편, 모세 승천기, 이사야 순교서, 아담과 하와의 생애 등이 있다.

태양과 지구의 시작[16)]

태양이 밝은 이유는 그 안에서 수소가 핵융합을 일으키고 있기 때문이다. 이는 엄청난 수소 폭탄이 터지는 것과 마찬가지다. 1초에 400톤의 수소가 서로 결합하면서 헬륨으로 핵융합이 이루어진다. 이런 반응은 1000만℃의 온도에서 가능하다. 지금 태양 내부 온도는 1500만℃이므로 가장 가벼운 원소인 수소가 헬륨이 되는 핵융합까지 가능하다. 하지만 다음 단계의 무거운 원소의 생성은 불가능하다. 헬륨이 서로 융합하여 탄소나 산소가 되려면 2억℃ 정도가 되어야 한다.

수소와 헬륨이 주성분인 태양의 나이는 약 50억 년이다. 그러니 태양도 우주가 생성될 때 태어난 별이 아니다. 우주가 시작된 후 90억년이 지난 다음에 생성되었기 때문에 수소와 헬륨 뿐 아니라 다른 물질들도 섞여 있다. 수소가 모두 연소되면 태양은 소멸한다. 지금도 끊임없이 수소를 연소시키고 있는 태양의 수명은 앞으로 50억년 남았다.

우주에는 태양보다 더 크고 강력한 중력을 지닌 별들이 무수히 존재한다. 심지어 태양보다 1000억 배가 큰 별도 있다. 그런 별은 엄청난 고온이어서 헬륨이 핵융합을 일으켜 산소, 탄소, 질소, 네온, 마그네슘등의 원소들이 되면서 열을 높인다. 심지어는 다아이아몬드(탄소)나 금(Gold)까지도 합성될 수 있다. 가장 안정된 원소인 철이 융합되려면 적어도 27억℃이상의 온도에서만 가능하다. 그런데 자연 상태의 지구에서는 지금까지 92개의 원소가 존재한다. 그렇다면 태양계에 속하는 지구에서 태양이 만들 수 없는 헬륨이상의 무거운 원소들이 무수히 발견되는데 이것은 어디서 온 것일까?

---

16) 여기 내용은 주로 칼세이건, *Cosmos,*『코스모스』홍승수 역 (사이언스북, 2013)과 토마스 베리, 브라이언 스윔,『우주이야기』맹영선 역(대화문화아카데미, 2008)에서 가져왔다.

이런 원소들은 태양계가 형성되기 이전에 다른 별들이 폭발해서 생긴 물질들이 지구를 구성할 때 지구의 몸으로 들어온 것이다. 즉, 지구의 몸은 태양이 생긴 50억 년 보다 훨씬 이전에 태양보다 훨씬 컸던 별에서 온 물질로 형성되었다. 핵융합에서 얻는 가장 안정된 원소는 철이다. 철 이상의 무거운 원소들은 가장 안정된 구조인 철의 상태가 되기 위해 핵분열 과정을 거친다. 우라늄 등의 무거운 원소는 자연 상태에서도 핵분열을 일으킨다. 우라늄 채취 과정에 많은 노동자들이 피폭을 당하는 이유다. 별 안에서 핵융합과정으로 철의 상태가 되었다고 하더라도 그 안에서 계속 중력이 안으로 뭉치려는 힘으로 작용하니까 서로 버티고 있던 철의 원소가 급격히 무너지면서 초신성의 대폭발이 일어난다. 이 때 철보다 무거운 물질들이 생성되어 우주로 뿜어져 나온다.

태양에서 별들의 마지막인 초신성의 대폭발이 일어나려면 지구가 100만개 들어가는 지금의 태양의 크기가 지름이 3Km 정도로 압축될 때라야 그런 에너지가 나온다. 그 이후는 어마어마한 대 폭발이 이루어지고 초신성(超新星)이 된다. 우리가 신성(新星)이라 부를 뿐이지 이것은 새롭게 태어나는 별이 아니다. 사실은 별들의 마지막 죽음의 화려한 불꽃놀이이다. 한번 폭발할 때 모든 은하계의 별들이 내는 에너지를 한꺼번에 낼 정도로 강력한 힘으로 폭발한다. 태양은 초신성이 될 수 없다. 그러기에는 작은 별이다. 태양 보다 적어도 3배 이상이 되어야 초신성이 가능하고 1.4배 이상되어야 중성자별이 된다. 태양의 최후는 백색왜성이 될 것이라고 한다.

초신성은 폭발할 때 자신이 가지고 있던 물질들을 우주에 방출한다. 그것들이 뭉치면 하나의 별이 되고, 지구도 그렇게 생성된 것이다. 지구에는 우라늄을 비롯한 무거운 물질들이 존재한다. 이것들은 태양계

이전에 어느 별이 터져서 뿜어져 나와 우주에 떠다니다가 태양계에 편입된 것이다. 지구는 편입생이다. 태양계가 생성될 때 태양에서 떨어져 나온 덩어리는 아니다. 적어도 태양보다 세배 이상되거나 그보다 훨씬 큰 어느 별에서 온 것이다.

인체를 구성하는 원소

인체를 구성하는 원소들을 살펴보자. 인체를 구성하는 원소 중 가장 많은 것은 산소다. 산소는 우리 몸의 66%를 차지하는데 이 외에 탄소가 18%, 수소가 10%정도의 비율이다. 나머지는 질소, 칼륨, 인, 황 나트륨, 철 등이다. 철보다 무거운 원소들은 구리, 아연, 코발트, 주석, 니켈, 몰리브덴, 아이오딘(요오드) 등인데 모두 인체를 구성하는 요소들이다. 인체 안에 있는 철보다 무거운 원소들은 주로 빠르게 움직일 필요가 있는 순환계에 존재한다.

인체 내에 존재하는 이렇게 무거운 원소들은 어디서 왔는가. 다른 별의 일생을 거쳐서, 즉 한 번 이상의 초신성 폭발을 경험한 우주로부터 온 것들이다. 우리가 몸 안에 지니고 있는, 혹은 '우리의 일부'라 할 수 있는 이 원소들은 모두 초신성의 폭발로부터 온 원소들이다. 두 번째 별의 삶이거나 세 번째, 네 번째 인지도 모른다.

인기 연속극 "별에서 온 그대"의 주인공은 김수현만이 아니고 우리들 모두가 별에서 온 존재들이다. 소설적인 상상으로 생각하면 남녀가 서로 호감을 갖는 것도 보통 인연이 아니다. 언젠가는 백억 년 쯤 전, 그보다 더 이전에 둘이 한 덩어리로, 단짝으로 붙어다닌 덩어리였으나 별들이 재편되는 과정에서 서로 다른 별로 떨어져 그리워 하다가 지구란 별에서 합해져 너와 내가 되어 서로 끌리고 당기는 마음이 일어나는 것인지도 모르겠다. 물질에 영혼이 깃들어 있다면 말이다.

하나님께서 만물을 창조하시면서 "보시기에 좋았더라"라고 하셨다. 인간을 지으시고는 "보시기에 심히 좋았더라"라고 하셨다. 만물과 하나님의 감정의 교환이 있었다. 여기서 만물은 단지 물질이 아니라 우주를 지으시고 운행하시는 존재와의 감정적 교류의 대상이다.

우리는 예수에 대해서 하나님께서 육신(사르크스, σαρξ)이 되신 존재라고 한다. 사르크스(σαρξ)는 단지 인간의 몸만이 아니라 모든 동식물의 몸을 의미한다. 모든 자연의 몸인 것이다. 고린도전서 15장은 몸의 부활에 대해 설명하면서 씨앗의 몸, 사람의 몸, 짐승의 몸, 새의 몸, 물고기의 몸(사르크스, σαρξ), 하늘에 속한 몸, 땅에 속한 몸(소마,σωμα)에 대해서 말한다. 그리고 부활이란 이 몸들이 썩을 것이 썩지 않을 것을 입고, 비천한 몸이 영광스러운 몸을 입고, 약한 몸이 강한 몸을 입고, 자연의 몸이 신령한 몸이 되는 것을 말한다. 만물의 질적인 변화가 부활이다. 하나님은 이 세상 모든 몸으로 오셨고 그 몸들이 신령한 몸으로 변화되길 원하신다. 이것이 몸의 부활이다. 하나님께서 몸소 몸으로 오시어 우리가 어떻게 살아야 하는지를 보여주셨다. 그분의 말씀과 삶이 우리 생명의 가치를 얼마나 숭고하고 고귀하게 만들어 주셨나? 어찌 감사하고 경탄하지 않을까?

하나님께서 까마득한 태초 이전부터 한 인간을 예비하셨고 당신의 동반자로 삼으셨다. 오늘 현재 '나'라는 존재로 지금 여기 나타나도록 한 계획이 이미 태초 이전부터 있었고, 우주에 프로그램이 되어 있는 것이다. 생각해 보면 모든 인간 한 명 한 명은 유사품도, 복사품도 없는 유일무이(唯一無二)한 존재다. 인류의 긴 역사를 통해 수없는 사람들이 왔다 갔지만 그 중에 아무도 동일한 존재는 없다. 설사 외모는 비슷할

지언정 동일한 경험과 조건과 인간관계를 가진 사람은 역사 이전이건 이후건 없다. 우리들 각자는 모두가 독특하게 서로 다른 유일무이한 존재로 이 세상에 존재한다. 창조이후 오늘에 이르기까지 단지 하나 뿐인 독특한 존재로, 성서의 고백에서 보는 대로, 하나님께서 하나하나 직접 옹기장이가 손으로 빚듯이 빚어 만들어 이 세상에 보내신 존재이다. 여럿 중에 하나로 우리를 보내 신 것이 아니고, 나 아니면 안 되는 고유한 존재로 보냄을 받았다. 이것은 창조 이전에 이미 하나님의 뜻과 행동 안에 있는 파송이고 계획이다.

세 살짜리 어린이건 고희가 넘으신 할아버지건 그들은 이미 까마득한 시간을 함께 지내다가 우리 시대에 태어난, 동시대에 던져진 동지적 존재이다. 우리들 각자는 우리들의 나이에다가 태초로부터 나이를 보태야 할 것이다. 이것이 한 인간, 한 아이를 보는 인간의 깊이이다. 어떤 사람이든지, 그는 태초로부터의 깊이를 가진다. 이것이 인권의 깊이이고, 그의 인간적 가치는 태초로부터 내려온 인류가 가진 경륜의 깊이와 동일하다. 그러기에 비록 자기 자식이라 하더라도, 이 어린아이는 나에게 유래된 인생이 아니라 하나님께로부터 온 사람이다. 그리고 동시대에 조금씩의 시차를 달리하기는 하겠지만 하나님의 사역을 같이 책임지는 동역자이다. 나와 내 아이는, 몸으로 아버지 아들, 어머니와 딸이라는 관계를 하고 있으나, 사실은 태초부터 예비되었고 오늘 나와 함께 동시대를 살도록 보내진 동역자이며, 동시에 하나님에게 뿌리를 둔 존재이다. 그리고 이 동지적 관계는 비록 사람뿐 만이 아니고 동시대에 만나는 모든 생명체들, 자연의 만물들이 같은 인연 속에서 만난 존재들이다.

우리는 지구와 인간을 구성하는 기본 원소들의 족보를 살펴보았다.

우리들 각자는 우리가 상상했던 것보다 엄청난 역사를 가지고 있다. 오늘의 과학적 성찰은 단지 뜬 구름잡는 소리로 여겨지던 성경의 말씀들과도 소통할 수 있다는 것을 보았다.

우리 몸을 구성하는 원소는 모두 별에서 왔다. 그 역사는 적어도 태양계가 형성되던 50억년 보다 훨씬 이전이며 태양보다 훨씬 큰 별에서 유래했다. 이는 철의 구성 온도인 27억℃를 넘는 엄청난 온도를 견디는 과정에서 생성되었다. 그런 원소들이 형성되려면 최소한 태양 보다 3배 이상의 질량을 가진 거대한 별이어야 한다. 그 별이 생명을 다한 후에 폭발하는 과정에서 생겨난 것이다. 이러한 별의 형성과 초신성의 폭발이 여러번의 과정을 거쳐서 오늘 우리들이 살고 있는 지구와 우리의 몸을 구성하는 원소가 되었다. 인간 뿐 아니라 말, 꽃, 물고기, 곤충이라 할지라도 이 행성위의 모든 생명체들은 우주적으로 연결되어 서로 공유한다. 바위, 돌, 물, 공기도 마찬가지이다. 세상 모두가 그런 존재들이다.

02
욥기

우스라는 곳에 욥이라는 사람이 살고 있었다. 그는 흠이 없고 정직하였으며, 하나님을 경외하며 악을 멀리하는 사람이었다. (욥 1:1)

욥기의 배경인 우스는 메소포타미아 남쪽의 에돔 지역이다. 욥기와 유사한 고대근동의 문학들이 있다. 바벨론의 문학인 바벨론의 욥기, 인간의 비극에 관한 대화(Dialogue about Human Misery)등은 현재의 고난과 비참함, 영광스러웠던 과거에 대한 회고와 자신의 의로움에 대한 항변 등 욥기와 매우 유사하다. 이러한 내용의 문학들을 반성문학이라고도 부르는데, 삶과 존재에 대한 회의와 인간의 깊은 고뇌를 담고 있다.

종교개혁을 일으킨 루터는 욥기를 "성서의 다른 어떤 책보다도 아름답고 뛰어나다"고 말했다. 영국의 시인 앨프리드 테니슨(1809~1892)도 "고대와 현대의 가장 위대한 시"라고 욥기를 극찬하였다. 또한 욥의 저자는 구약의 세익스피어라고 말하기도 한다.

욥기의 구조

서문(산문) 1:1~2:13

욥의 애통(운분): 3장

1회: 엘리바즈, 빌닷, 소바르의 고소와 욥의 답변

2회: 엘리바즈, 빌닷, 소바르의 고소와 욥의 답변

3회: 엘리바즈, 빌닷, 소바르의 고소와 욥의 답변

욥의 마지막 변호(운문): 29~31장

엘리후의 도전(운문) : 32~37장

야훼의 응답(운문) : 38장~41장

욥의 뉘우침(운문) : 42:1~6

결문(산문) 42:7~17

욥기는 산문 부분과 운문 부분으로 나눈다. 1장 1절부터 2장 13절까지의 서문과 42장 7절부터 17절까지의 결문은 산문이다. 여기서 욥은 "어떠한 고통 앞에서도 믿음이 흔들리지 않고 하나님께 순종하는 사람"이다. 3장부터 42장 6절까지는 긴 운문인데, 욥기의 가치는 바로 이 부분에 있다. 운문 부분의 욥은 그리 곱살스럽게 순종하는 사람이 아니다. 그는 맹렬히 하나님께 대들고 반항한다. 욥기 안에는 서로 다른 두 명의 욥이 사는 듯하다. 즉, 욥기의 산문부분은 "하나님께 순종하면 결국에는 복을 받는다"는 전통적인 신명기 신학을 착실하게 따르는 반면, 운문 부분은 그 신명기 신학에 강하게 도전한다.

순종하는 욥(산문) 1:1-2:13

어느 날, 하나님이 천상에서 욥을 칭찬하신다.

> 너는 내 종 욥을 잘 살펴보았느냐? 이 세상에는 그 사람만큼 흠이 없고 정직한 사람, 그렇게 하나님을 경외하며 악을 멀리하는 사람은 없다. (1:8)

그러나 사탄은 사물을 다른 관점에서 본다.

> 욥이, 아무것도 바라는 것이 없이 하나님을 경외하겠습니까? 주님께서, 그와 그의 집과 그가 가진 모든 것을 울타리로 감싸 주시고, 그가 하는 일이면 무엇에나 복을 주셔서, 그의 소유를 온 땅에 넘치게 하지 않으셨습니까? 이제라도 주님께서 손을 드셔서, 그가 가진 모든 것을 치시면, 그는 주님 앞에서 주님을 저주할 것입니다. (1:9-11)

일리 있는 말이다. 욥이 하나님께 대해 순종적인 것은 하나님께서 일방적으로 그를 감싸고 돌봐주셨기 때문이라니, "가는 게 있으니 오는 게 있다"는 세상의 상식으로보아 틀리지 않은 말이다. 이에 하나님은 사탄에게 전제를 달아 욥의 운명을 맡긴다.

> 그가 가진 모든 것을 다 네게 맡겨 보겠다. 다만, 그의 몸에는 손을 대지 말아라. (1:12)

천상의 회의는 끝난 뒤 지상에서는 하나님과 사탄의 일전이 벌어진다. 하루는, 욥의 아들과 딸들이 맏아들의 집에서 음식을 먹으며, 포도

주를 마시고 있는데, 일꾼 하나가 욥에게 달려와서, 다급하게 말한다.

> 우리가 소를 몰아 밭을 갈고, 나귀들은 그 근처에서 풀을 뜯고 있는데, 스바 사람들이 갑자기 들이닥쳐, 가축들을 빼앗아 가고, 종들을 칼로 쳐서 죽였습니다. 저 혼자만 겨우 살아남아서, 주인어른께 이렇게 소식을 전해 드립니다. (1:14–15)

이 일꾼이 아직 말을 다 마치지도 않았는데, 또 다른 사람이 달려와 끔찍한 소식들을 연이어 전한다. 결국 그의 모든 재산은 다 날아가고, 아들과 딸들마저 모두 불의의 죽음을 당한다. 욥은 슬퍼하며 겉옷을 찢고 머리털을 민 후에, 머리를 땅에 대고 엎드린다. 과연 이런 상황에서 욥은 무슨 말을 할까? 하늘도 긴장하고 땅도 긴장한다. 무대 위의 모든 조명이 꺼지고 홀로 남은 주인공 욥에게 스포트라이트가 비쳐진다. 과연 하나님과 사탄 중 누구의 말이 맞고 누가 승리할 것인가? 마침내 욥은 입을 열어 말한다.

> 모태에서 빈손으로 태어났으니, 죽을 때에도 빈손으로 돌아갈 것입니다. 주신 분도 주님이시요, 가져가신 분도 주님이시니, 주님의 이름을 찬양할 뿐입니다. (1:21)

욥을 둘러싼 하나님과 사탄의 1회전은 사탄의 참패로 끝난다. 그리고 2회전이 시작된다. 하루는 하나님께서 사탄을 만나 자랑하신다.

> 너는 내 종 욥을 잘 살펴보았느냐? 이 세상에 그 사람만큼 흠이 없고 정직

> 한 사람, 그렇게 하나님을 경외하고 악을 멀리하는 사람이 없다. 네가 나를 부추겨서, 공연히 그를 해치려고 하였지만, 그는 여전히 자기의 온전함을 굳게 지키고 있지 않느냐? (2:3)

이에 대해 패배자인 사탄은 여전히 교묘한 말로 주님께 아뢰었다.

> 가죽은 가죽으로 대신할 수 있습니다. 사람은 자기 생명을 지키는 일이면, 자기가 가진 모든 것을 버립니다. 이제라도 주님께서 손을 들어서 그의 뼈와 살을 치시면, 그는 당장 주님 앞에서 주님을 저주하고 말 것입니다! (2:4–5)

시선이란 참으로 다양하다. 한 인물, 한 사건에 관해서도 자신이 서 있는 자리가 어디냐에 따라, 입장이 무엇이냐에 따라 다르다. 사탄의 시선은 인간의 가장 어두운 곳을 향해 있다. 인간의 영혼 속에서 가장 추악한 동기를 꼬집어 낸다. 사탄은 말 한마디로 심장을 꿰뚫는 구실을 찾아낸다. 한 인간이 칭송받는 덕목도 가장 나쁜 시선으로 비튼다. 그것도 아주 그럴듯하다.

욥에게 고통을 야기한 사탄은 또다시 욥을 파렴치한 이기주의자로 몬다. 지난번 욥에 대한 시험에서 욥이 하나님을 욕하지 않은 것은 욥이 하나님을 존경해서 그런 것이 아니고 그가 매우 이기적인 사람이기 때문이라고 재차 모함한다. 하나님께서 그의 몸에 손을 대지 말라고 하셨지 않았나? 욥이야말로 자기 밖에 모르는 이기주의자이다. 욥은 자기 종들이 죽든지 말든지, 자기 아들, 딸들이 죽든지 말든지 제 몸 하나 성하면 눈 하나 깜짝하지 않을 수 있는 사람이다. 남이 어떤 일을 당하든지 욥은 아무렇지도 않게 생각할 수 있는 파렴치한 사람이라는 것이다.

사탄은 "가죽은 가죽으로 대신할 수 있다"고 한다. 사람들이 지극히 이기적일 때, 자기 생명을 지키는 일을 위해서라면 모든 것을 희생시킬 수도 있다. 그러나 이제라도 주님께서 그의 뼈와 살을 치신다면 아마 그는 주님을 저주하고 말 것이라고 한다. 이 사탄의 말은 하나를 주면 하나를 받아야 하는 인간의 삶을 대변하기도 한다. 욥은 이기적이라 자신의 몸만 성하면 되는 것이고 그가 여전히 하나님을 경외하는 까닭은 하나님이 욥의 삶에 필요한 것들을 주기 때문이라는 것이다. 이런 사탄의 주장은 결국은 하나님을 모욕하는 말이다. 욥이 하나님을 경외하는 것은 하나님이 대단해서가 아니라, 그저 기브 앤 테이크(Give & Take) 일뿐이라는 셈이다. 욥의 경건도 하찮은 주고받기에 불과하다며 하나님과 욥의 신뢰의 틈바구니를 벌린다. 그것은 단지 가죽으로 가죽을 대신하는 것뿐이라고 깐죽거린다.

이런 사탄의 주장을 하나님은 쳐내지 않는다. 왜일까. 욥과의 관계를 소중하게 여기신다. 그와의 관계가 단지 주고받는 이해관계를 벗어난 차원에 있기를 원하신다. 하나님은 욥을 더 깊은 차원에서 만나고자 하신다. 아니, 그렇게 보고 싶어 하신다.

하지만 인간은 삶의 모든 것을 주고받는 흥정거리로 생각한다. 세상을 살아가는 방법과 이해하는 기준도 그 안에 있어야 마음이 놓인다. 인간의 삶은 철저하게 가죽으로 가죽을 대신하는 삶이다. 우정도, 신뢰도 없다. 기브앤 테이크 원칙이 이행되지 않으면 "인간이 덜 됐다"는 평가마저 한다. 이 냉정한 셈법 위에 우리의 삶이 던져져 있다. 그래서 우리는 우리들의 존엄함을 잃지 않으려고 가슴을 쓸어내리며 가죽으로 가죽을 대신하는 삶의 칼날 위를 곡예사처럼 지나치고 있다.

내가 교회를 개척한 뒤 얼마 되지 않은 때였다. 교회는 송파구에 있었는데 근처에 '화훼마을'이라는 비닐하우스 촌이 있었다. 한 겨울에 비닐하우스촌에 불이 났다. 소방 시설이 있을 리 만무했거니와, 집과 집 사이가 비닐 하나로 붙어있어 비닐하우스 전체가 속수무책으로 화염에 휩싸였다. 그때, 집과 재산을 잃고 길거리에 나 앉은 화훼마을 주민 500명의 삶을 돕게 되었다. 국가와 자자체의 지원과 근본적인 문제 해결을 촉구했다. 기도회를 열고 세상에 이 문제를 알렸다. 나도, 교인들도 마음을 다해 뛰었다. 그런데 그 때 주민들에게 예상치 못한 이야기를 들었다. 주민 중 몇 명은 내게 "솔직히 불안하다"고 말했다. 목사님과 교인들이 왜 이렇게 오랫동안, 자기일도 아닌데 열심히 도움을 줄까 해석이 안된다는 것이었다. 자기 생각으로는 사람은 무언가 받는 게 있어야 주는 존재인데, 그 기준에서 우리의 행위가 해석이 안 되니 불안했나보다. 나는 목사가 당연히 해야 할 일을 하는 것 뿐이라 웃으며 넘겼지만, 주민들이 자기 불안을 해소하는 결론을 찾았다. 그것은 '정치인들의 행위 방식'이었던 것 같다. 주민들은 "목사님 나중에 이 지역에 출마하실 때, 비밀하우스 2천명 주민들이 팔 걷어붙이고 도와 드릴게요"라고 말했다.

사탄은 오늘도 "공짜는 없다"고 단언한다. 대가와 보상이 없는 행위와 선택은 존재하지 않는다는 논리로 하나님을 설득한다. 사탄은 경건하고 의로운 삶도 그에 상응하는 물질적인 보상의 동기를 따를 때에 가능하다고 주장한다. 그러나 하나님은 그런 세상 논리 너머에 존재하는 분이시다. 가죽으로 가죽을 바꾸는 계산적인 관계를 넘어 철저한 신뢰와 믿음으로 하나되는 관계를 원하신다. 인간 세상의 당연한 이치라고 여겨지는, '손해 보지 않는 명확한 계산 관계'를 넘어서는 신실함을 요구하신다. 여기에 인간이 하나님 앞에 나아갈 수 있는 길이 있다.

어쩌면 그리스도인의 신앙생활도 의식하든 의식하지 못하든 사탄의 논리가 지배적일지도 모르겠다. 하나님께서 열배 백배로 보상하신다고 하니 투자의 개념으로 헌금을 한다. 교회 안에서 신앙생활을 하더라도 가장 얼굴이 나고 자신이 드러나는 자리를 찾을 때가 있다. 그리스도인에게 사탄과 하나님, 그리고 욥의 관계는 현실이다. 욥의 '신실함'은 우리의 현실에 신앙을 다시 묻는다. 그는 타산적 관계를 초월한다. 셈의 원칙 아래에서는 하나님을 만날 수 없다. 내가 받을 것을 먼저 생각하고 행동하는 모든 순간에 하나님은 사라진다. 가죽을 가죽으로 대신하는 삶을 뛰어넘어, 대가 없이, 바라는 것 없이, 그저 순수하게 하나님을 사랑하는 몸짓 안에 비로소 하나님이 나타난다. 주는 것만으로 충분하며, 모든 행위가 계산이 아닌 순수함과 신실함이라는 기반 위에 있을 때, 비로소 인간은 하나님을 만난다.

하나님은 사탄에게 "그의 생명만은 건드리지 말라!"는 단서를 달며 욥을 맡기셨다. 사탄은 주님 앞에서 물러나 드디어 욥의 몸을 공략한다. 그는 곧 욥을 쳐서, 발바닥에서부터 정수리에까지 악성 종기가 나서 고생하게 하였다. 욥은 잿더미에 앉아 옹기 조각으로 자기 몸을 긁었다. 그의 고통을 곁에서 함께 하던 아내가 견디다 못해 말한다.

> 이래도 당신은 여전히 신실함을 지킬 겁니까? 차라리 하나님을 저주하고서 죽는 것이 낫겠습니다. (2:9)

무대의 조명이 다시 꺼지고 하늘과 땅이 욥의 말에 주목한다. 하나님도 사탄도 모든 관객이 숨을 죽이고 과연 욥이 무엇이라고 말할까를 지켜본다. 마침내 욥은 입을 열어 이렇게 대답한다.

> 당신까지도 어리석은 여자들처럼 말하는구려. 우리가 누리는 복도 하나님께로부터 받았는데, 어찌 재앙이라고 해서 못 받는다 하겠소? (2:10)

순명. 혹은 전폭적 수용. 이는 삶에서 만나는 수많은 고난과 고통에 대하여 인간이 취할 수 있는 가장 숭고한 마음이다. 저항과 거부를 거둘 때, 우리는 고통의 자리에서도 하나님을 만난다. 욥의 순명 아래에서 하나님과 사탄의 천상 결투는 사탄이 참패함으로 끝이 난다. '순종하는 욥'은 바로 산문 부분의 욥의 모습이다. 산문 부분의 욥은 매우 감동적이고 극적이다. 그가 가진 신학은 이제까지 구약의 신앙이 서있는 신명기의 신학이다. 그는 전통신학에 충실하다.

도전하는 욥(시, 운문)

신명기 신학은 응보의 신학이다. 인간이 하나님께 순종하면 하나님께서 복을 내려주시고 불순종하면 하나님은 벌을 내리신다는 것이다. 인간의 불행은 모두 불순종의 결과이고 고난은 하나님의 형벌이다. 이것이 욥을 고발하는 세 친구—빌닷, 소발, 엘리바스의 신학이다.

> 잘 생각해 보아라. 죄 없는 사람이 망한 일이 있더냐? 정직한 사람이 멸망한 일이 있더냐? 내가 본 대로는, 악을 갈아 재난을 뿌리는 자는 그대로 거두더라 (4:7–8)

> 네가 하나님을 경외한 것 때문에, 하나님이 너를 책망하시며, 너를 심판하시겠느냐? 오히려 네 죄가 많고, 네 죄악이 끝이 없으니, 그러한 것이 아니냐? (22:4-5)

이 세 친구의 계속되는 고발은 욥을 더욱 궁지에 몰고 가는 것으로 보인다. 그러나 사실은 욥을 위하는 마음에서 출발한다. 욥의 친구들이 재난 속에 있는 욥을 더욱 힘들게 하려는 것은 결코 아니다. 누구보다도 욥의 고난에 안타까워하면서 그를 고난에서 벗어나게 하고자 함이다. 친구들은 신명기 신학의 단순한 도식이 갖는 힘을 잘 알고 있다.

어떤 그리스도인이 예상치 못한 큰 병을 얻어 병원에 입원했다고 하자. 그는 자신이 회복하지 못할까봐, 몸이 무너지고 자신의 삶이 소멸될까봐 깊은 불안과 두려움에 사로잡힌다. 불안은 영혼을 잠식하고 삶을 뒤흔든다. 그는 원인을 찾는다. 이것이 나에게 '왜' 왔는지 알 수 있다면, 고통을 벗어날 길을 찾을 수도 있을 듯하다. 그런 순간에, 이런 생각이 찾아온다. "내가 그동안 교회도 나가지 않고 신앙생활에 충실하지 않았기 때문에 이런 불행이 왔구나".

그렇게 인정하는 순간, 원인을 자기 자신에게서 찾는 순간, 운명은 자신이 조정할 수 있는 영역으로 들어온다. 질병을 야기한 게 자신의 죄라면, 앞으로 태도를 바꿈으로서 다가올 운명도 조절할 수 있다고 믿게 된다. 이것이 신명기 신학이다.

인간에게 운명처럼 다가온 불행 앞에 인간은 고통스럽다. 그런데 그 불행의 기원이 어디인지 모를 때, 인간은 더욱 불안해진다. 미래에 대한 불확실성은 인간을 힘들게 한다. 자신에게 다가온 고통이 언제 끝날지도 모르며, 장차 어떤 시련으로 확대될지 모른다는 것은 인간을 몹시

당황하게 한다. 불안감이 한번 덮치면 무너지는 것은 걷잡을 수 없다. 실제로 그에게 닥친 불행 자체보다도 그를 덮친 불안감이 바로 위기의 절정이다.

욥의 친구들이 욥에게 "나의 죄 때문"이라는 고백을 하도록 몰아치는 이유다. 신명기 신학에 의해 어떻게 전개될지 모르는 불행한 미래에 한 단서를 잡으라는 것이다. 불행의 원인을 인간 안에 두게 된다면 그 치유의 능력도 인간 안에 둘 수 있다. 인간의 불행이 죄의 결과라는 것을 시인하므로 인간 밖에서 벌어지는 고통의 문제를 인간 안으로 가져온다. 그 고통이 내게서 연유한 것이 확실하다면 그 다음 치유는 간단하다. 원인을 알면 그 원인만 제거하면 된다. 그러면 예측불허인 삶이 일정한 룰과 테두리 안으로 들어온다. 두려움을 예방하고, 인간의 행위 안으로 복을 부를 수 있는 조건을 만든다. 친구들은 신명기 신학에 의존해서 욥에게 새 운명을 주고자 한다.

> 하나님께 징계를 받는 사람은, 그래도 복된 사람이다. 그러니 전능하신 분의 훈계를 거절하지 말아라. 하나님은 찌르기도 하시지만 싸매어 주기도 하시며, 상하게도 하시지만 손수 낫게도 해주신다. 그는 여섯 가지 환난에서도 너를 구원하여 주시며, 일곱 가지 환난에서도 재앙이 네게 미치지 않게 해 주시며, 기근 가운데서도 너를 굶어 죽지 않게 하시며, 전쟁이 벌어져도 너를 칼에서 구해 주실 것이다. (5:17–20, 엘리바스의 발언 중에서)

> 너는 네 생각이 옳다고 주장하고 주님 보시기에 네가 흠이 없다고 우기지만, 이제 하나님이 입을 여셔서 네게 말씀하시고, 지혜의 비밀을 네게 드러내어 주시기를 바란다 (중략) 네가 마음을 바르게 먹고, 네 팔을 그분 쪽으로

들고 기도하며, 악에서 손을 떼고, 네 집안에 불의가 깃들지 못하게 하면, 너도 아무 부끄러움 없이 얼굴을 들 수 있다. 네 마음이 편안해져서, 두려움이 없어질 것이다. 괴로운 일을 다 잊게 되고, 그것을 마치 지나간 일처럼 회상하게 될 것이다. 네 생활이 한낮보다 더 환해지고, 그 어둠은 아침같이 밝아질 것이다. 이제 네게 희망이 생기고, 너는 확신마저 가지게 될 것이다. 사방을 둘러보아도 걱정할 것이 없어서, 안심하고 자리에 누울 수 있게 될 것이다. (11:4–18, 소발의 발언 중에서)

이렇게 말하는 친구들에게 욥은 거세게 저항한다. 그는 "나는 결코 죄를 범하지 않았다"고 항변한다.

누가 내 소망을 이루어 줄까? 하나님이 내 소원을 이루어 주신다면, 하나님이 나를 부수시고, 손을 들어 나를 깨뜨려 주시면, 그것이 오히려 내게 위로가 되고, 이렇게 무자비한 고통 속에서도 그것이 오히려 내게 기쁨이 될 것이다. 나는 거룩하신 분의 말씀을 거역하지 않았다. (6:8–10)

내게 호흡이 남아 있는 동안은, 하나님이 내 코에 불어 넣으신 숨결이 내 코에 남아 있는 한, 내가 입술로 결코 악한 말을 하지 않으며, 내가 혀로 거짓말을 하지 않겠다. 나는 결코 너희가 옳다고 말할 수 없다. 나는 죽기까지 내 결백을 주장하겠다. 내가 의롭다고 주장하면서 끝까지 굽히지 않아도, 내 평생에 양심에 꺼림칙한 날은 없을 것이다. (27:3–6)

내게 도움을 청한 가난한 사람들을 내가 어떻게 구해 주었는지, 의지할 데가 없는 고아를 내가 어떻게 잘 보살펴 주었는지를 자랑하고 다녔다. 비참하게 죽어 가는 사람들도, 내가 베푼 자선을 기억하고 나를 축복해 주었다. 과부들의 마음도 즐겁게 해주었다. 나는 늘 정의를 실천하고, 매사를 공평하게 처리하였다. 나는 앞을 못 보는 이에게는 눈이 되어 주고, 발을 저는 이에게는 발이 되어 주었다. 궁핍한 사람들에게는 아버지가 되어 주고, 알지도 못하는 사람들의 하소연도 살펴보고서 처리해 주었다. 악을 행하는 자들의 턱뼈를 으스러뜨리고, 그들에게 희생당하는 사람들을 빼내어 주었다.(29:12-17)

내 원수가 나를 고발하면서, 뭐라고 말하였지? 내가 저지른 죄과를 기록한 소송장이라도 있어서, 내가 읽어 볼 수만 있다면, 나는 그것을 자랑스럽게 어깨에 메고 다니고, 그것을 왕관처럼 머리에 얹고 다니겠다. 나는, 내가 한 모든 일을 그분께 낱낱이 말씀드리고 나서, 그분 앞에 떳떳이 서겠다.(31:36-37)

이 흔들리지 않는 당당함은 어디서 오는가. 그는 주변의 어떤 말에도 흔들리지 않는다. 자신의 삶과 존재가 정당하다고 항변한다. 가족과 친구가 "네가 잘못했다고 인정하라"고 하여도 깊은 자기 존재의 자긍심을 잃지 않고 "나는 떳떳하다"고 말한다. 한걸음 나아가 친구들에게 "너희의 생각과 판단의 근거가 정말 옳은가?"를 되묻는다.

어찌하여 악한 자들이 잘 사느냐? 어찌하여 그들이 늙도록 오래 살면서 번영을 누리느냐? 어찌하여 악한 자들이 자식을 낳고, 자손을 보며, 그 자손이 성장하는 것까지 본다는 말이냐? 그들의 가정에는 아무런 재난도 없고, 늘 평화가 깃들며, 하나님마저도 채찍으로 치시지 않는다. 그들의 수소는 틀림

> 없이 새끼를 배게 하며, 암소는 새끼를 밸 때마다 잘도 낳는다. 어린 자식들은, 바깥에다가 풀어 놓으면, 양 떼처럼 뛰논다. 소고와 거문고에 맞춰서 목청을 돋우며, 피리 소리에 어울려서 흥거워하는구나. 그들은 그렇게 일생을 행복하게 살다가, 죽을 때에는 아무런 고통도 없이 조용하게 스올로 내려간다. 그런데도 악한 자들은, 자기들을 그냥 좀 내버려 두라고 하나님께 불평을 한다. 이렇게 살면 되지, 하나님의 뜻을 알 필요가 무엇이냐고 한다. 전능하신 분이 누구이기에 그를 섬기며, 그에게 기도한다고 해서 무슨 도움이 되겠느냐고 한다.(21:7-15, 욥의 답변 중에서)

그렇다. 친구들의 주장과는 달리 이세상은 착한 자가 복을 받고 악한 자가 벌을 받지 않는다. 오히려 거꾸로 돌아가는 듯하다. 욥은 악한 자가 오히려 더 잘되는 세상의 세태는 어떻게 하겠느냐고 묻는다. 이는 당시의 전통인 신명기 신학에 대하여 근본적인 문제를 제기하는 것이다. 욥기는 당시 이스라엘 사회의 전통적 이데올로기에 도전한다.

욥은 친구들이 하나님을 옹호하는 것이 아니라 그들이 중시하는 것은 자신의 안전이라고 항변한다. 이것은 오히려 하나님을 자기 자신 안에 끌어들이는 죄이다. 죄와 고통은 인과 관계에 있는 것이 아니다. 욥은 죄 없는 사람이 고통당하는 것을 팔장 끼고 지켜보는 하나님을 고발한다. 착하게 사는 사람에게 벌을 가져다주는 하나님의 불의를 고발하며 그의 잘못된 간섭에 저항한다.

> 그러나 나는 입을 다물고 있을 수 없습니다. 분하고 괴로워서, 말을 하지 않고는 견딜 수 없습니다. 내가 바다 괴물이라도 됩니까? 내가 깊은 곳에 사는 괴물이라도 됩니까? 어찌하여 주님께서는 나를 감시하십니까? 잠자리

에라도 들면 편해지겠지, 깊이 잠이라도 들면 고통이 덜하겠지 하고 생각합니다만, 주님께서는 악몽으로 나를 놀라게 하시고, 무서운 환상으로 저를 떨게 하십니다. 차라리 숨이라도 막혀 버리면 좋겠습니다. 뼈만 앙상하게 살아 있기보다는, 차라리 죽는 것이 낫겠습니다. 나는 이제 사는 것이 지겹습니다. 영원히 살 것도 아닌데, 제발, 나를 혼자 있게 내버려 두십시오. 내 나날이 허무할 따름입니다. 사람이 무엇이라고, 주님께서 그를 대단하게 여기십니까? 어찌하여 사람에게 마음을 두십니까? 어찌하여 아침마다 그를 찾아오셔서 순간순간 그를 시험하십니까? 언제까지 내게서 눈을 떼지 않으시렵니까? 침 꼴깍 삼키는 동안만이라도, 나를 좀 내버려 두실 수 없습니까? 사람을 살피시는 주님, 내가 죄를 지었다고 하여 주님께서 무슨 해라도 입으십니까? 어찌하여 나를 주님의 과녁으로 삼으십니까? 어찌하여 나를 주님의 짐으로 생각하십니까? (7:11–20, 욥의 대답 중에서)

욥은 고분고분 하지 않다. 그는 하나님에게 도전하는 거인이다. 하나님에게 제발 자신에게 신경을 끊으라고, 혼자 있게 내버려 달라고 소리친다. 망할지언정 자기 운명에 대해서 자기가 혼자 책임지겠다고 외친다. 욥은 기죽지 않는다. 그는 하나님과 대등한 입장에서 도전한다.

그분께서 머리털 한 오라기만한 하찮은 일로도 나를 이렇게 짓눌러 부수시고, 나도 모를 이유로 나에게 많은 상처를 입히시는데, 숨 돌릴 틈도 주시지 않고 쓰라림만 안겨 주시는데, 그분께서 내 간구를 들어 주실까? 강한 쪽이 그분이신데, 힘으로 겨룬다고 한들 어떻게 이기겠으며, 재판에 붙인다고 한들 누가 그분을 재판정으로 불러올 수 있겠느냐? 비록 내가 옳다고 하더라도, 그분께서 내 입을 시켜서 나를 정죄하실 것이며, 비록 내가 흠이 없다고 하더라도, 그분께서 나를 틀렸다고 하실 것이다(9:7-20, 욥의 대답 중에서).

> 그러나 이것만은 알아야 한다. 나를 궁지로 몰아넣으신 분이 하나님이시고, 나를 그물로 덮어씌우신 분도 하나님이시다. "폭력이다!" 하고 부르짖어도 듣는 이가 없다. "살려 달라!"고 부르짖어도 귀를 기울이는 이가 없다. 하나님이, 내가 가는 길을 높은 담으로 막으시니, 내가 지나갈 수가 없다. 내 가는 길을 어둠으로 가로막으신다. 내 영광을 거두어 가시고, 머리에서 면류관을 벗겨 가셨다. 내 온몸을 두들겨 패시니, 이젠 내게 희망도 없다. 나무뿌리를 뽑듯이, 내 희망을 뿌리째 뽑아 버리셨다. 하나님이 내게 불같이 노하셔서, 나를 적으로 여기시고, 나를 치시려고 군대를 보내시니 그 군대는 나를 치려고 길을 닦고, 내 집을 포위하였다(19:6-11, 욥의 대답 중에서).

폭력을 행사하는 주체는 다름 아닌 하나님 자신이다. 하나님께서 온몸을 두들겨 패신다. 나무뿌리를 뽑듯이, 욥의 희망을 뿌리째 뽑아 버리셨다. 하나님은 오히려 욥을 적으로 여기시고, 그를 치시려고 군대를 보내셨다고 따진다. 욥은 인간이 당하는 고통이 어디서 유래하는가를 묻는다. 이제 그는 하나님 자신이 폭력을 행사하는 주체라며 불경에 가까운 말로 치댄다. 감히 하나님과 맞서고자 하는 이 작은 거인의 언어는 당시 이스라엘의 근본이 되었던 모든 신학적 체계를 뒤집는다.

성서에는 인간의 고난을 해석하는 몇 가지 관점이 있다.

첫째, 하나님께서 내리시는 형벌로 보는 관점이다. 전통적인 신명기 신학은 바로 이런 입장에 서있다. 인간이 당하는 고난은 불순종의 결과요 징벌의 표징인 것이다. 이것은 그렇지 않아도 아픔을 당하고 있는 사람을 정죄한다. 아픈 상처에 소금을 뿌리는 격이다.

둘째, 하나님께서 인간을 시험하신다는 관점이다. 욥기의 산문 부분에 하나님과 사탄의 일종의 겨루기 같은 이야기가 나온다. 그런 동기로 욥이 고통을 받는다면 과학 실험실에서 수없이 살해당하는 실험용 쥐와 인간이 다른 점은 무엇인가? 그런 하나님은 정당한가를 따져 묻는 욥의 질문은 타당하다.

셋째, 오히려 사랑하는 인간에 대해 내리시는 특별한 교육이라는 관점이다. 하나님께서 인간을 연단시키기 위해 교육의 목적으로 일시적으로 고난을 주신다고 한다. 그러므로 고난이 오면 오히려 기뻐하라고 한다.

> 그러므로 지금 잠시동안 여러분이 여러 가지 시련을 겪으면서 어쩔 수 없이 슬픔에 빠져 있더라도, 이것을 기뻐하십시오. 여러분의 믿음이 연단을 받아서 순수하게 되면, 불로 연단하여도 마침내는 없어지고 마는 금보다 더 귀한 것이 됩니다. 그것은 예수 그리스도께서 나타나실 때에, 여러분이 칭찬과 영광과 명예를 차지하게 하려는 것입니다. (베드로전서 1:6-7)

> 또 여러분은, 하나님께서 여러분을 향하여 자녀에게 말하듯이 하신 이 권면을 잊었습니다. "나의 자녀들아, 주의 훈련을 가볍게 여기지 말고, 그에게 꾸지람을 들을 때에 낙심하지 말아라. 주께서는 사랑하시는 사람을 훈련하시고, 자녀로 받아들이시는 자마다 채찍질하신다." 주께서 여러분을 훈련하시거든 그것을 견디어 내십시오. 하나님께서는 자녀에게 대하듯이 여러분에게 대하십니다. 부모가 훈련하지 않는 자녀가 무슨 자녀이겠습니까? 모든 자녀가 받는 훈련을 여러분이 받지 않는다고 하면, 여러분은 사생아이지, 참

자녀가 아닙니다. 우리가 육신의 부모도 우리를 훈련하는 분으로 모시고 공경하였거든, 하물며 영들의 아버지께 복종하고 살아야 한다는 것은 더욱 더 당연한 일이 아니겠습니까? 육신의 부모는 잠시 동안 자기들의 생각대로 우리를 훈련하였지만, 영들의 아버지께서는 우리를 당신의 거룩하심에 참여하게 하시려고, 우리에게 유익이 되도록 훈련하십니다. 모든 훈련은 그 당시에는 즐거움이 아니라 괴로움으로 생각되지만, 나중에는 이것으로 연단받은 사람들에게 의로움이 깃든 평화로운 열매를 맺게 합니다. (히브리서 12:5–11)

이런 성서 구절은 결과적으로 고난을 하나님께서 우리의 유익을 위해 베푸시는 선의의 시도로 해석한다. 쥘레는 이런 해석에 관해, “고난의 배후에서 그 고난의 의미를 해석하는 일체의 해석은 그것이 형벌이던 시험이던 교육이던 간에 이 모든 것은 ‘하나님을 괴롭히는 자’로 파악하는 신학적 새디즘이다”라고 고발한다.[1]

물론 성서는 하나님께서 인간에게 견딜 수 있을 정도의 고난을 주신다고 말하기도 한다.

그러므로 서 있다고 생각하는 사람은 넘어지지 않도록 조심하십시오. 사람이 흔히 겪는 시련 말고는, 여러분에게 덮친 시련이 없었습니다. 하나님은 신실하십니다. 그분은, 여러분이 감당할 수 있는 능력 이상으로 시련을 겪는 것을 허락하지 않으십니다. 그분은 시련과 함께 벗어날 길도 마련하여 주셔서, 여러분이 그 시련을 견디어 낼 수 있게 하십니다. (고린도전서 10:12–13)

1) 도르트 쥘레, 『고난』 채수일 역, 한국신학연구소, 2002, 37쪽

하나님의 의도가 무엇이든 인간은 나약한 존재다. 작은 고통에도 넘어지고 무너진다. 누군가의 고통 앞에서 그것이 "견딜 만한 아픔"이라고 말할 수 있는 자는 누구인가. 고통의 긴 터널을 몸소 걸어 통과한 당사자가 비로소 참았던 숨을 토해내면서 "그래도 간신히 죽지 않았다"고 말할 수 있을지는 모르겠다. 그러나 친구든, 가족이든, 심지어 하나님조차도, 당사자를 제외한 어느 누구도 "그것이 견딜 만한 아픔"이라고 말할 수는 없다. 그것은 위로도, 사랑도, 적절한 해석도 아니다.

지난 몇 년간 우리 사회는 세월호라는 고통의 시간을 함께 보내야 했다. 부모들은 웃으며 수학여행을 떠난 생때같은 자식을 바다에서 잃었고, 온 국민이 어린 아이들이 사라지는 것을, 국가가 아무것도 하지 않는 것을 직접 목격했다. 거대한 고통 앞에서 많은 그리스도인이 하나님의 선한 뜻을 의심하고, 세상에 대한 신뢰를 잃고, 더 이상 무슨 말을 해야 할지 몰라 입을 닫았다.

어쩌면 암흑이었을 그 절망의 시간, 그리스도인들이 할 수 있는 건 아무 말 없이 부모의 곁을 지키고 그들의 손을 잡아주는 것 뿐이었다. 그러나 그 때에도 '말'로 위로하는 그리스도인이 있었다. 어떤 목사는 유가족들 앞에서 "그것이 하나님의 깊은 뜻"이라 했고, 또 다른 목사는 "하나님은 인간이 이겨낼 수 있는 정도의 아픔을 주신다"고도 했다. 하지만 유가족들은 위로도 격려도, 사랑도 아닌 '말'에 격노했다. 오히려 왜 우리 아이여야 하는지, 왜 우리 가족에게 이런 일이 일어나야 하느냐며 발버둥쳤다. 유가족들의 실존적인 질문이 바로 욥의 항변이다.

사회에서 발생하는, 혹은 관계에서 비롯되는 고통에는 고난을 가져다주는 사람, 즉 형을 집행하는 관리와 고난당하는 희생자가 있기 마련이다. 하나님은 형 집행자의 입장이다. 그리고 욥은 희생자의 입장에서 부르짖는다. 욥은 하나님에게 희생자의 편에 서기를 간구한다.

이런 욥의 외침은 새로운 신관을 요구한다. 신학적으로, 혁명적 외침이다. 욥의 질문은 당시의 신학을 뒤집는다. 당시의 신학에서 너무 당연하게 받아들였던 것들에 의문을 제기한다. 그는 인간의 불행에 팔짱 끼고 지켜보는 하나님이라면, 제발 그 관심을 꺼달라고 한다(7:19). 욥은 인간에게 형벌을 내리거나 또는 시험하거나 교육하는 목적으로라도 인간에게 비참한 고통을 내리는 하나님은 '불의한 하나님'이고 '무책임한 하나님'이니, 아예 그런 하나님이라면, 인간의 문제에 대해 관심을 끊고 신경을 쓰지 않는 것이 좋겠다고 한다. 욥의 부르짖음과 도전으로 이스라엘 전통 신학의 하나님은 이제 더 이상 설자리가 없어졌다.

이런 욥의 질문은 시대를 뛰어 넘어 예수의 십자가상의 절규와 맥을 같이 한다.

> 엘리, 엘리 라마 사박다니-나의 하나님, 나의 하나님, 어찌하여 나를 버리셨습니까? (마태 27:46)

인간의 몸을 입은 예수는 외롭고 처절한 고통 속에서 외친다. 고통 속에서 예수는 "이 고통을 통해 내가 하나님을 만날 것이다" 혹은 "이는 내가 충분히 견딜 수 있는 정도의 고통이다"라 하지 않았다. 예수는 하나님이 어디 계시는가 절규했고, 몸부림쳤다. 수천 년 전 욥의 저항은 예수의 이 외침에서 절정에 이르렀다.

고통의 한 가운데 있는 인간이 부르짖는 하나님의 부재에 대한 응답이 성육신 신학이다. 예수는 본래 하나님이시지만 자기 자리를 떠나 육신을 입고 인간에게 온다. 몸으로 온전히 인간의 고통과 죽음을 경험한다. 하나님은 더 이상 인간에게 고통을 주는 가해자가 아니다. 방관자로 인간을 시험하며 교훈이나 내려주는 존재가 아니다. 하나님은 인간과 함께 눈물 흘리며 인간이 슬퍼하고 고난당하는 구체적인 공간과 시간 속에 함께 하신다.

예수께서 십자가에서 숨을 헐떡이고 숨을 거두는 모든 순간에 하나님은 그 안에 함께 계시다. 이것이 하나님께서 인간이 되셨다는 의미다. 이는 신명기 신학과는 차원이 다른 신학이다. 이제 하늘에서 하나님을 찾을 필요가 없다. 하나님은 우리와 같은 모습으로, 인간으로 오셨다. 하나님을 찾으려면 하늘이 아니라 이웃과 벗들의 얼굴을 바라보면 된다. 고난에 처한 한 사람 한 사람을 만나는 것이 바로 하나님을 만나는 것이다. 하나님은 그들 가운데에 계시다. 우리가 '몸으로 오신 하나님'을 믿는 길이 여기에 있다.

욥과 하나님의 만남

욥이 주께 대답하였다. 주께서는 못하시는 일이 없으시다는 것을, 이제 저는 알았습니다. 주님의 계획은 어김없이 이루어진다는 것도, 저는 깨달았습니다. 잘 알지도 못하면서, 감히 주님의 뜻을 흐려 놓으려 한 자가 바로 저입니다. 깨닫지도 못하면서, 함부로 말을 하였습니다. 제가 알기에는, 너무나 신기한 일들이었습니다. 주께서 말씀하셨습니다. "들어라. 내가 말하겠다. 내가 물을 터이니, 내게 대답하여라" 하셨습니다. 주님이 어떤 분이시라는 것을, 지금까지는 제가 귀로만 들었습니다. 그러나 이제는 제가 제 눈으로 주님을 뵙습니다. 그러므로 저는 제 주장을 거두어들이고, 티끌과 잿더미

위에 앉아서 회개합니다.(42:1–6)

욥기에서 주인공 욥이 세 친구와 대화하고 논쟁하는 부분은 지성이 격돌하는 긴장감 넘치는 대화다. 당대를 대표하는 사상의 대결장이다. 세 친구가 나서서 전통의 입장을 옹호하고 욥은 이에 답하며 그들의 모순을 파고들어 문제를 제기한다. 어느 드라마보다도 통쾌하고 극적이다. 욥기가 최고의 문학이라 평가받는 부분이다.

그런데 그렇게 버텨온 욥이 마무리 부분에서 너무나도 쉽게 무너진다. 운문의 마지막 부분에서 이제까지 하나님께 대들고 저항하던 욥은 하나님과 만난다. 하나님은 욥에게 "내가 천지를 창조할 때, 하늘과 땅을 만들 때, 온갖 짐승과 산천을 만들 때에 네가 있었느냐?"고 물으신다. 하나님을 마주 대한 욥은 싱겁게 자기의 주장을 철회한다. 이제까지 친구들과 대결각을 세우며 긴장감을 고조시켜온 작품의 대미를 너무 맥없이 만들어 버린다. 아쉽게 느껴지는 싱거운 맺음 같지만, 그 속에도 나름의 깊은 의미를 만날 수 있다.

인간의 고통과 갈등의 문제는 생각의 영역, 이성과 논리의 영역에서 모든 해답을 얻을 수 없다. 귀로만 듣고 머릿속으로만 생각할 때 삶의 문제는 진짜 해답에 이르지 못한다. 세상에 어떤 이론이 고통가운데 몸부림치는 인간을 위로하고 납득시킬 수 있겠는가? 흔히 장례식에서 "삼가 드릴 말씀이 없습니다"라는 조문인사를 하기도 한다. 드릴 말이 없다면 말을 하지 말아야지 굳이 찾아가서 할 말을 찾지 못했다고 말하는 것은 무슨 이유인가? 말이 드러내는 의미 자체를 넘어선 무엇이 있다는 것이다.

그것은 곧 만남이고 동참이다. 어떤 방법으로든 만나는 게 중요하다. 아무 말 없어도 손을 꼭 잡아 주고, 어깨를 두드려 주고, 곁에서 함께 눈시울 붉혀가며 아픔을 나누는 것이 어떤 위대한 철학자의 완벽한 이론보다도 많은 것을 전달한다. "우는 자와 함께 우는 것"(로마서 12;15)이야말로 몸을 입은 인간이 이웃과 세상의 아픔을 위로하는 길이다. 말은 인간이 전할 수 있는 가장 소극적인 전달방식이다. 논리는 납득시키고 고개를 끄덕이게는 할 수 있을지언정, 고통의 한 가운데를 걷고 있는 벗을 위로할 수는 없다. 자신이 생각한 인생의 기준과 틀을 제시하며 그 안으로 들어오라고 하는 것은 위로이기보다는 폭력에 가깝다. 고난에 처한 이들이 그런 이들을 만날 때, 가끔 장례식에서 예수 믿으라고 열심히 설교하는 목사를 만난 것 같은 기분을 느낄지도 모르겠다.

나의 틀을 강요할 것이 아니라 상대를 있는 그대로 보고 수용할 수 있어야 한다. 내가 규정한 그를 해방시킬 때 비로소 진정한 만남이 된다. 그렇지 않다면 내가 설정한 상대를 향한 일방통행이 될 뿐이다. 내가 그린 그림을 지우고 상대를 있는 그대로 보라. 미지의 세계로 발을 내딛는 것 같은 떨림과 설렘을 받아들여라. 전혀 새로운 존재 앞에 서라. 상대가 가진 불안과 공포를 측은히 여기고 그 자리에 들어가 함께 머무는 것으로 시작하라. 그렇게 이해하고 감싸 안을 때, 비로소 진짜 만남이 이뤄진다. 치유가 일어난다. 함께 손잡아 줄 때라야 그들 안에 있는 가능성은 성장하고 영적인 치유가 일어난다.

머리로, 논리로 맞설 때 우리는 결코 갈등을 풀 수 없다. 오해는 오해를 낳고 서로 조금 다른 차이를 무한히 확대해서 결코 해결되지 않는 길로 치달을 뿐이다. 그러나 '진짜 만남'은 갈등을 일시에 풀어 버릴 수 있다. 그러기 위해서는 먼저 자신에게 있는 방어막을 풀어 헤치고 다가

가야 한다. 갈등의 대상을 만나는 일은 두려움이다. 그 만남이 내게 더 큰 상처와 고통을 가져오게 할지도 모른다. 그러기에 예수의 십자가 정신이 없다면 만남과 치유는 일어나지 않을 수 있다. 십자가를 감수하는 내려놓음만이 갈등을 풀 수 있는 열쇄가 될 것이다. 그런 의미에서 하나님에 대해서 토론하고 논쟁하던 자리는 하나님께서 직접 욥에게 나타나 대화하는 것으로 마무리 되는 것은 이해할 수 있다. 그 만남으로 욥은 모든 마음을 내려놓고 하나님과 화해하며 운문 부분의 욥기를 마무리 한다.

> 잘 알지도 못하면서, 감히 주님의 뜻을 흐려 놓으려 한 자가 바로 저입니다, 깨닫지도 못하면서 함부로 말을 하였습니다. 제가 알기에는 너무나 신기한 일들이었습니다. (욥기 42:3)

생각할 문제

욥은 인간이 당하는 고통의 문제를 다루었다. 그러나 오늘 날의 고통의 문제는 비단 인간 세계에 국한되지 않는다. 인간의 실존에 관한 문제가 이웃과 사회로 확장되어 나가면, 결국 온 세계의 고통이 나의 고통과 연결되어 있음을 깨닫게 된다. 전쟁과 기아, 착취와 불평등으로 가득 찬 이 세상의 고통은 무엇 때문인가. 나아가 자연과 피조물들의 고통은 무엇 때문인가. 악한 사회 구조가 인간의 악에서 기인했다면 지구온난화와 자연재해로 인한 대규모의 재앙들이 우리 앞에 현실로 다가오고 있다. 현대사회에서 욥의 고통에 찬 질문들은 한 개인, 인간 뿐 아니라 신음하고 고통받는 피조물 전체의 질문이 된다. 피조물이 사멸의 종살이에서 해방되길 고대하고 있는 것은 인간만의 문제는 아니다.

피조세계를 단지 인간을 위한 도구로 볼 것인지? 오늘 우리가 직면하는 새로운 욥의 도전에 답하기 위해서 우리들은 왜 다른 생명체들과 피조세계와 연대해야 하는지 그럴만한 성경적 근거와 과학적 근거가 있는지 피조세계와의 연대와 하나됨에 대해서 이야기해보자

생명의 세상, 그 근원과 연대[2)]

욥이 던지는 고통에 대한 질문은 고통 자체를 넘어설 수 있게 하는 힘이기도 하다. 고통이 고통 그 자체로서가 아니라 '무의미함'으로 다가 올 때 참으로 견딜 수 없다. '무의미함'을 넘어설 수 있다면, 즉, 견디기 어려운 고통이지만 그것이 자신에게 의미를 부여하고 납득된다면 견디고 참아낼 수도 있다. 그러기에 욥이 던지는 항변과 질문은 고통에 처한 인간이 대면할 수 밖에 없는 근원적인 질문이다.

여기서는 생명을 가진 세상에 관하여 이야기해보려 한다. 앞서 인간의 몸이 우주 전체의 역사와 연결되어 있음을 이야기하였다. 여기에서는 더 구체적으로 인간의 출현에 대해 생각해보기로 하겠다. '생명체'라 부르는 것들의 기원과 역사를 과학의 관점으로 설명하고, 이것이 성서에 나타난 창조신앙과 상충되는 지도 살펴볼 예정이다. 먼저 성서에 나타난 생명권에 대해서 보겠다.

성서의 생명권(生命權)

봉준호 감독의 영화 〈옥자〉는 인간에게 완전히 다른 존재로 정의되는 돼지 '옥자'에 관한 이야기다. 강원도 산골에 사는 소녀 미자에게 옥자는 함께 산책하고 교감하는 단짝 친구다. 그러나 '미란도 코퍼레이션'의 CEO 루시 미란도에게 옥자는 자신의 재기를 위해 맛있는 소세지를 만들 '고기'다. '친구'와 '고기' 사이. 그것이 지구에서 인간과 동물이 맺는 관계의 본질이다. '고기'란 단지 인간의 식량이라는 의미가 아니라

2) 이 글은 필자가 "지구, 생명체, 호모 사피엔스"라는 주제로 2017년 6월 예수살기 주최로 성서학당에서 행한 두 번째 강연록의 일부다.

인간 삶의 '도구'가 된다는 의미를 담는다. 물론 살아있는 모든 종(種)은 생존을 위해 먹어야 한다. 그러나 먹는 대상이 곧 그의 삶을 위한 도구가 된다는 걸 의미하지는 않는다. 그 둘은 다르다. 하지만 역사적으로 인간은 자신의 삶에 필요한 것들을 모두 도구로 여겨왔다. 어떤 대상이 도구가 된다는 것은 대등하지 않으며 따라서 존중과 배려, 권리가 없다는 것을 뜻한다. 망치에게, 책상에게, 숟가락에게 권리를 존중하고 배려하지 않는 것과 같다.

살아있는 모든 존재는 자기의 방식으로, 자신만의 삶을 살아갈 권리가 있다. 그러나 인간이 생명을 음식으로, 나아가 인간의 삶을 위한 도구로 여기면서부터 그 생명이 이 지구에서 인간과 동등하게 살아가야 하는 존재임은 잊히기 시작했다. 단지 인간을 위해 삶을 바치는 존재가 되었다. 시체에 낀 지방질의 모양이나 근량으로 가치를 따진다. 나면서부터 거세시키고 꼼짝달싹 못하게 해서 키워야 '맛있는 마블링'이 생긴다. 마당을 뛰놀며 흙에 몸을 비벼대야 하는 닭들은 A4 한 장에 너덧 마리가 붙어살면서 살충제로 자기 몸의 진드기를 털어내야 했다. 성서는 인간이 동물을 먹는 걸 인정하지만, 동시에 생명으로서 그들의 권리를 말한다.

> 소와 양의 어린 새끼는 7일간 어미와 함께 있어야 한다(출애굽기 22:30)
>
> 엎드려져 있는 나귀는 비록 원수에게 속한다 해도 부축해서 일으켜 주어야 한다(출애굽기 23:5)
>
> 소와 양을 그 새끼와 함께 같은 날 죽여서는 안된다(레위기 22:26)

하나님은 사람은 물론 짐승도 보호하신다(시편 36:6)

그는 육축의 생명도 아끼신다(요나 4:11)

성서는 안식일에 가축도 쉬어야 한다고 말한다. 안식년에는 땅조차 쉬게 한다. 이스라엘이 나라를 잃고 바벨론에 포로로 잡혀간 것도 땅을 혹사시킨 죄라고 꼬집는다. 포로사건은 하나님께서 땅을 혹사시킨 인간을 격리시킨 것이며, 인간이 징벌을 받는 동안 땅은 비로소 '제 몫의 안식'을 누릴 것이라(레위기 26:33-35) 말한다. 안식년과 희년 등 현대인들로선 생소하게 느껴지는 법들은 이스라엘 최고의 법이다. 그런데 인간이 함께 살아가는 데 필요한 규정을 밝힌 법에서 자연의 권리를 적극 주장한다.

아들은 보이지 않는 하나님의 형상이시요, 모든 피조물보다 먼저 나신 분이십니다. 만물이 그의 안에서 창조되었습니다. 하늘에 있는 것들과 땅에 있는 것들, 보이는 것들과 보이지 않는 것들, 왕권이나 주권이나 권력이나 권세나 할 것 없이, 모든 것이 그로 말미암아 창조되었고, 그를 위하여 창조되었습니다. 그는 만물보다 먼저 계시고, 만물은 그의 안에서 존속합니다.(골로새서 1:15-17)

골로새서에 나오는 그리스도 찬가의 일부분이다. 그리스도는 모든 피조물보다 먼저 나신 분이며 만물을 창조하신 분이다. 떵떵거리는 이 세상의 주권, 왕권, 모든 권세도 결국 그리스도로 말미암아 창조되었으며 그리스도를 위해 존재한다. 그분은 만물보다 먼저 계신분이며 만물은 그의 안에 존속한다. 이 거창한 그리스도 찬가의 목적은 만물의 원천을 그리스도에 둠으로 그 존엄성을 드러내는 한편 모두가 함께 연결되었다는 것과 동시에 만물이 함께 나아갈 지향을 드러낸다.

마태복음 25장에서 예수는 "지극히 작은 자 하나에게 한 것이 나에게 한 것이다"라고 말씀하셨다. 자신을 지극히 작은 자와 동일시하신 것이다. 우리가 삶의 순간마다 만나는 모든 이가 그리스도이며, 그 중에서도 소외되고 멸시받는, 지극히 작은 자 안에 그리스도가 함께 하신다는 고백이다. 그러나 이제 그리스도는 만물의 주인이다. 그리스도는 만물 위에 계시고, 만물을 통하여 계시고, 만물 안에 계시며 만물은 그리스도 안에 있다. 그러니 이 우주에 그리스도와 관계하지 않은 것이 없다. 창살을 통하여 들어오는 빛은 "그리스도의 빛"이고, 높고 푸른 산에도 그리스도가 계시고, 굽이쳐 흐르는 강도 그리스도의 몸이며, 하늘을 나는 작은 새와 나무 위를 기어가는 풍뎅이, 하늘소도 그리스도 안의 존재이다.

> 하나님께서는 그리스도 안에 모든 충만함을 머물게 하시기를 기뻐하시고, 그리스도의 십자가의 피로 평화를 이루셔서, 그리스도로 말미암아 만물, 곧 땅에 있는 것들이나 하늘에 있는 것들이나 다, 기쁘게 자기와 화해시키셨습니다.(골로새서 1:19-20)

예수를 '구세주'라 부르는 것은 그가 세상을 구원하는 분이라는 고백이다. 전통적으로 개신교에서는 예수께서 "인간의 죄를 대속하기 위해" 십자가를 지켰다고 말해왔다. 그러나 그리스도는 인간만이 아니라 세상을 구원하기 위해 몸을 입고 세상에 오셨다. 그는 세상의 모든 존재들을 하나님의 신성으로 충만하게 하는 새 일을 펼치신다. 골로새서 저자는 그리스도의 죽음조차, 평화를 이루기 위한 것이라 고백한다. 그의 피가 상충되고 적대시 하는 모든 관계를 조화롭게 하시고 화해하게 만들었다고 말이다. 그리스도는 자신의 생명을 비워 세상을 충만하게 만드신 분이다. 더 채우고 더 쌓아서, 더 힘을 길러서가 아니라 자기 안에 있는 것을 덜어내고 비워내는 게 그 분의 길이다. 생명을 충만한 상태로 만들기 위해 자기 자신을 희생하고 비우신다. 예수 그리스도의 구원은 모든 피조물의 해방에 해당한다. 로마서도 인간 뿐 아니라 모든 피조물이 하나님의 자녀가 될 영광된 자유를 누린다고 말한다.

> 피조물은 하나님의 자녀들이 나타나기를 간절히 기다리고 있습니다. 피조물이 허무에 굴복했지만, 그것은 자의로 그렇게 된 것이 아니라, 굴복하게 하신 그분이 그렇게 하신 것입니다. 그러나 소망은 남아 있습니다. 그것은 곧 피조물도 사멸의 종살이에서 해방되어서, 하나님의 자녀가 누릴 영광된 자유를 얻는다는 것입니다. 우리는 모든 피조물이 이제까지 함께 신음하며, 해산의 고통을 함께 겪고 있다는 것을 압니다. (로마서 8:19–22절)

피조물을 강으로, 산으로, 하늘로, 돼지와 고양이와 소와 닭으로 읽어본다. 남아 있는 소망은 우리가 겪는 이 고통을 지나서 결국 '함께' 하나님의 자녀가 누릴 그 영광의 순간으로 가는 것이다. 지금 겪는 이 고통은 해산의 고통이다. '자녀'란 부모의 몸으로부터 나왔고 부모와 깊은 곳에서 영혼이 맞닿아있다. 우리가 하나님의 자녀라는 것은 우리의 뿌리를 드러냄으로 그 존엄함을 깨닫게 하는 것이며 동시에 하나님으로부터 유래된 모든 피조물과 형제, 자매의 연대를 갖는 것을 강조하는 말이다. 그러므로 모든 피조물이 사멸의 종살이에서 해방될 때 나타나는 하나님의 자녀들은 세상과의 형제, 자매된 연결을 깨닫고 함께 해방되는 희망을 품은 인간이다. 그리고 로마서는 이렇게 변화된 의식을 가진 하나님의 자녀들이 결국 어두운 장막을 뚫고 새로운 세상으로 나아가게 되리라 말한다.

성서의 창조이야기의 의미

하나님의 창조는 일회적인 사건이 아니요 지금도 계속 창조하시며 동시에 만물 안에서 우주 만물과 모든 생명의 진화를 이끌어 가신다.

인간이 진화의 과정을 밝혀내는 여정은 창조의 신비를 깨달아 가는 과정이다. 진화는 창조의 대체물이 아니라 창조에 포함된다. 생명이 계속 진화하는 것은 하나님께서 계속 창조하고 계시기 때문이다. 그러므로 진화의 과정은 바로 창조의 과정을 발견해 가는 것이며 인간은 과학이라는 렌즈를 통해서 그 일부분을 들여다 볼 뿐이다.

창조 이야기는 우주의 기원에 관한 지적인 호기심에서 나온 게 아니다. 성서에 창조이야기가 여러 곳에서 다르게 나타나는 이유는 시대마다 각기 다른 삶의 위협에 대한 대답이기 때문이다. 하나님의 조화로운 창조를 위협하는 행태, 삶의 조건, 대자연의 위협, 혹은 창조 질서를 위협할 만한 인간의 범죄 등이 시대마다 다르기 때문에 각자 다른 시대, 다른 생존 위기에 대한 신학적 답변이다.

창조 이야기는 하나님의 창조의 비밀을 밝히는 일관된 하늘의 비밀이야기가 아니며 우주가 시작되던 때의 태초의 기록이 아니다. 우주의 긴 역사를 일 년으로 보고 태초를 1월 1일이라 한다면 인류가 나온 시점, 하물며 문자가 등장한 시점은 마지막 날인 12월 31일 밤 11시가 훨씬 넘는 시간에 해당한다. 창조 이야기는 정월 초하루의 고백이 아니라 그 이야기가 기록되던 마지막 날의 신앙고백들이다.

각각의 시대를 위협하는 재해, 서로 다른 위기 상황 속에서 "하나님께서 나를 존재케 하셨고, 하나님께서 이 세상을 만드셨기에 어떤 위기가 와도 그냥 망해 버리게 놔두실 리가 없다. 우리에게 새로운 조건을 주시고, 새로운 세상을 열어 주실 것이다"라는 신앙고백이다. 이것이 창조신학이 가지는 의미이다.

창조과학자와 진화론자의 공통의 오류

창세기에서 창조인가 진화인가 하는 근거를 찾으려 하거나 우주 생성에 대한 비밀과 진화의 과학적인 과정을 발견해 내려고 애쓰는 것은 성서를 대하는 올바른 접근이 아니다. 소위 창조과학자라고 부르는 사람들처럼 성서의 내용을 과학적으로 입증해 보이려고 하거나, 생명의 진화과정이 과학적으로 밝혀졌으므로 창조론은 무용하다며 무신론을 말하는 것은 모두 적절하지 않다. 이들 양쪽의 주장은 하나는 "그렇다"를, 다른 쪽은 "아니다"를 주장하는 서로 극적으로 상반된 입장이지만 이들은 똑 같은 오류에 있다. 이들이 공통적으로 범하는 오류는 무엇인가?

첫째, 성서를 문자 그대로 이해하는 것이다. 이들이 성서의 기록에 대한 과학적인 연구를 발전시켜온 성서신학을 알지 못하기 때문에 나오는 오류이다. 창조이야기들이 여럿이 있고 서로 다른 과정을 이야기하고 있는데 어떤 이야기의 과정을 과학으로 증명하겠다는 것인가? 그리고 각자의 이야기는 당대에 최고의 과학적 지식을 동원해서 쓰여진 것이다. 그 시점에서 인간이 파악할 수 있었던 가장 과학적인 이야기이지만 오늘의 발달된 과학과는 맞지 않는 것이 당연하다. 지금의 입장에서 성서의 이야기를 과학으로 증명하려거나 과학과 다르다고 배척하는 것은 똑같이 성서를 문자적으로 이해하기 때문이며 어떤 태초의 비밀을 계시한 문서로 이해하기 때문이다. 창조이야기가 가지는 문학의 심층적 특성, 창조신학을 모르기에 나오는 비판이다.

둘째, 이들 모두가 아주 원시적인 신관을 가지고 판단한다. 이들의 신관은 신인동형론(Antropomorphism)이다. 아브라함에게 하나님이 흰 옷을 입고 나타난 것과 같이 신이 인간의 모습을 가지고 나타나거나 수퍼맨과 같이 인간세계에 관여한다는 초보적 신관을 가지고 있기 때문이다.

이러한 신관은 성서 자체에서도 거부된다. 십계명 제2계명의 하나님의 상을 만들지 말라는 것도 이런 신인동형론적 사상이 가지는 한계를 넘어서기 위해서다. 이미 제2이사야는 하나님께서 창조하실 때 정의와 평화도 함께 창조하셨다고 한다. 예언자는 하나님은 인격적인 존재이기도 하지만 또한 인격성을 넘어서서 정의, 평화, 공평의 하나님이시며 과부와 고아의 하나님이라고 한다. 이것은 신의 이미지가 이미 추상화되고 있다는 증거이다. 인문학적 사상이 발전하면서 신은 절대 의지, 절대 선, 궁극적 관심, 우주의 시작과 끝을 주관하는 역사의 목적성등 헤아릴 수도 없이 다양한 신론들이 등장했다. 떼야르드 샤르뎅은 '물질의 우연한 진화야 말로 하나님의 섭리'라고 했다. 그 수많은 우연의 법칙 중에 오늘과 같은 방향으로 진화되도록 방향 지워진 것이야 말로 하나님의 섭리라는 것이다.

그러니 자신이 진화론을 받아들이는 과학자이기에 '나는 무신론자라'고 하는 사람은 과학의 발전에는 해박할지 모르지만 신학과 인문학에 대해서는 아주 유아적 단계라는 것을 말한다. 이들의 주장에는 신앙인들을 지적 능력이 부족한 자로 탓하려는 경향까지 내포하고 있지만 사실은 자신의 인문학적 토양의 척박함을 보여줄 뿐이다.

과학의 발달로 인간이 우주와 생명의 비밀을 끝없이 밝혀낸다 해도, 인간이 밝혀낼 수 있는 것은 여전히 일부분이다. 평생을 연구에 바친 과학자 중에는 "과학을 통해 많이 알아낼수록 우리가 얼마나 많은 것을 모르고 있다는 것을 알 뿐"이라고 말하기도 한다. 인간이 진화의 과정을 밝혀내는 여정은 창조의 신비를 깨달아 가는 과정이다. 진화는 창조의 대체물이 아니라 창조에 포함된다. 생명이 계속 진화하는 것은 하나님께서 계속 창조하고 계시기 때문이다. 그러므로 진화의 과정은 바로 창조의 과정을 발견해 가는 것이며 인간은 과학이라는 렌즈를 통해서 그 일부분을 들여다 볼 뿐이다.

음식, 물, 공기

'살아있는 지구' 즉, 가이아 이론의 창시자인 제임스 러브록(James Lovelock, 1919~)은 "지구 표면위에 있는 생물과 무생물 사이에 확실한 구별은 없다. 단지 바위들과 대기의 물질적 환경으로부터 살아있는 세포들에 이르기까지 그 농도나 강도의 서열이 있을 뿐이다"라고 말한다.[3]

우리 몸의 70%는 물로 구성되어 있는데 이것은 수소와 산소의 결합물이고 탄수화물과 지방은 탄소와 수소로 이루어진다. 여기에 질소가 더해지면 단백질이 된다. 우주에는 소멸되는 것이 없으며 모든 원소는 영원하다. 빛이 응결되어 구성하는 원소들의 합성에 따라 각 물질의 차

3) 매튜폭스, 『내 몸과 영혼의 지혜』 한성수 역, (생태문명연구소, 2016), 76.

이가 생길 뿐이다. 즉, 원소 조밀도의 차이일 뿐이다. 꽃도, 벌레도, 나무도, 흙도, 인간도, 살아있는 모든 것은 공통의 구성요소로 만들어져 있다. 다만 형태를 바꾸어 가면서 우주상에 존재한다. 때로는 꽃으로 때로는 인간으로.

산소와 이산화탄소는 모두 빛이 응결된 결정체이다. 나무와 석탄은 수백만 년간 갇혀서 잠자고 있던 태양빛이 방출된 것이다. 태양에서 쏟아져 나오는 태양 중성미자(nutrino)가 매초당 10의 14제곱개가 우리 몸을 통과하고 있다. 이것이 없으면 체온이 유지 되지 않아 사망한다. 즉, 우리는 과일 열매, 채소, 커피와 오렌지 안에 들어있는 태양을 먹고 마신다. 이는 우리가 신성을 흡수하는 것이다. 식물을 먹고 마시는 매 순간이 하나님의 몸을 먹는 거룩한 성만찬이다. 하나님께서 사랑하시는 자들을 위하여 자신의 몸을 음식으로 내어주시는 순간이다.

성경은 하나님의 숨이 진흙 속에 들어와서 생명이 시작되었다고 한다. 우리의 첫 숨이 시작되서 생명이 시작되고, 마지막 숨이 되는 순간 생명이 끝난다. 우리가 하루 동안 호흡하는 양은 오천 개론(약 19,000 리터의 공기)이다. 이는 무게만으로 우리들이 매일 먹고 마시는 양의 35배이다. 음식을 먹지 않으면 몇 주간, 물을 마시지 않으면 몇 일을 견딜 수 있지만 숨을 쉬지 않으면 불과 몇 분 안에 사망한다. 심장이 한 번도 쉬지 않고 엄청난 펌프질을 하는 것은 우리 몸에 적혈구-산소를 공급하고 몸에서 생긴 이산화탄소를 날라서 배출하기 위한 것이다. 우리가 숨을 쉬는 것은 산소와 적혈구를 섞기 위한 것이다. 그런데 동물은 이산화탄소를 내뱉고 식물은 거꾸로 이산화탄소를 마시고 산소를 내 뿜는다.[4] 얼마나 기막힌 조화인가?

4) 칼 세이건, 『코스모스』, 홍승수 역, (사이언스북스, 2016), 87.

우리도 호흡을 통해 우주와 생명을 교환한다. 지구상의 모든 존재, 과거로부터 이 땅에서 살아온 모든 생명과 서로를 교환한다. 우리는 끊임없이 다른 생명체와 그리고 지구 자체와 원자를 교환하고 있다. 우리 몸을 구성하는 각 기관과 조직은 혈액을 통해 환경과 교환되고 있다. 우리 안에 세포는 5년 마다 98%정도가 교체된다. 그러니 '내 것' 혹은 '내 몸'이라 부를만한 것이 없다. 우리 육체는 지구로부터 아주 짧은 찰나를 빌린 것에 불과하다. 5초 전의 내 몸과 지금의 내 몸은 같은 듯 하지만 다르다.

생명의 시작

생명은 어떻게 시작되었을까. 과학자들은 생명의 시작을 알아보기 위해 원시지구를 재현했다. 투명한 용기에 수소, 수증기, 암모니아, 메탄, 황화수소의 혼합기체를 채운 다음, 그 안에 전기방전을 일으켰다. 전기 불꽃을 한 10분쯤 발생시키자 이상한 갈색 물질이 용기의 벽을 덮었다. 그 물질은 대단히 복잡한 유기 분자들로 가득했고 그 중에는 단백질과 핵산을 구성하는 분자들이 가득했다. 생물의 재료물질들이 만들어진 것이다.[5] 이 실험을 최초로 한 사람은 시카고대학의 스텐리 밀러와 유리이다. 지금으로부터 불과 60여 년 전인 1953년에 이들은 무기물로부터 유기물이 형성되는 과정을 밝혔다.

과학자들은 지구가 약 46억 년 전에 생성되었다고 한다. 처음 수억 년 간 지구는 수많은 행성들과 충돌하고 이들을 흡수하는 격동의 시간을 보냈다. 이 격동기를 거쳐 지구가 비교적 안정화되자 최초의 생명들이 나타났다. 지구에서 생명이 처음 나타난 시기를 과학자들은 약 38억

5) Ibid., 93쪽 이하.

년 전이라고 본다.

원시의 바다에서 생겨난 첫 생명체는 매우 단순했다. 지구가 지하 깊은 곳에서 뿜어대는 열수 분출공(熱水噴出孔)에서 화학합성을 하는 세균이었다. 이들은 지구가 뜨거운 물과 함께 토해내는 화학적 화합물을 소화하며 생존했다. 그러나 이 생명체들이 필요로하는 화학적 물질은 제한적이어서 최초의 생명체들은 유한한 자원에만 의존할 수 없었다. 이들은 곧 죽은 세포들을 분해해서 자신을 유지하는 방법을 생명체 안으로 가져왔다.

곧이어 빛으로 에너지를 만드는 '위대한 창조'가 이루어졌다. 태양에서 쏟아지는 빛을 받아들여 물과 이산화탄소를 섞은 뒤 생명에 필요한 탄수화물과 산소를 만들어낸 것이다. 바로 광합성이다.[6] 광합성은 약 36억 년 전에 일어난 것으로 추정된다. 이렇게 바다에서 출발한 생명은 점점 육지로 나오게 되었다. 먼저 식물이 사막과 같은 이글거리는 땅에 생명을 심어 퍼뜨렸고, 그 식물이 뜨거운 대지를 식히자 이어서 바다 속 동물이 육지로 나오게 되었다.

세포와 DNA

한 인간의 몸은 우주의 별 만큼이나 많은 세포를 지니고 있다. 200여 종의 세포를 100조개나 가지고 있다. 바늘 끝만큼 작은 정자 세포에서 1미터짜리 신경세포에 이르기 까지 이들은 거대한 하나를 이루도록 조화를 이루고 있다. 이들이 어떻게 정보를 교환하고 소통하는 지는 놀랍다.

인간의 염색체의 길이는 약 1.8미터다. 이것이 직경 0.1mm의 작은

6) Ibid., 82.

세포 안에 구겨져 있다. 인간 몸의 세포는 1분에 3억 개씩 죽는다. 새로운 세포로 대체되지 않으면 우리는 230일이면 죽는다. 각 세포 안에는 DNA가 들어있는네 각 사람의 독특한 그러나 무한히 복잡한 변형의 비밀코드를 간직하고 있다. DNA는 지구 위에 있는 모든 유기체들이 각자의 세포 성장을 지시하는 비밀코드이다. 우리 몸의 세포들의 나선형 DNA를 펴서 연결하면 그 길이는 달까지 10번 왕복하는 길이라고 한다. 하나의 DNA 사슬에는 5만개의 유전자들이 달렸는데 이 유전자들이 세포를 복제하는 청사진을 구성한다.[7)]

이 DNA사슬들은 우주 생성의 각 과정에 진화된 결과물들이다, 살아가기에 적합하게 발전된 형태의 성과물들을 기록 복사해서 저장하고 새로운 세포를 만들 때 그의 정보대로 복제하도록 간직한 것이다.

지구상에 수많은 종(種)이 있지만 이들의 구성물은 동일하다. 단세포 생물에서 인간에 이르기까지, 식물에서 동물에 이르기까지 모든 생명을 구성하는 기본 요소는 염기들의 각기 다른 조합으로 나타난다. 이 중 나선구조로 되어 있는 DNA를 구성하는 공통의 염기는 아데닌, 티민, 시토신, 구아닌의 4종류이다. RNA에서 아데닌과 결합하는 우라실까지 합하면 모든 생명은 다섯가지 염기가 기본 물질을 이루며 구성된다. 이것이 모든 생명의 기본요소다. 이 염기들이 각각 다른 조합으로 구성되어 150만 종에 이르는 지구상의 다양한 생명체로 나타난다.

떡갈나무와 우리는 먼 친척이다. 나비, 늑대, 버섯, 상어와는 유전명령이 같다. 종이 분화되기 이전에 오랫동안 원시바다에서 발달한 생명복제 시스템이기 때문이다. 세포 핵 안에 DNA는 모든 생명이 읽을 수 있는 나선구조의 분자 구성체이고 각각 사다리의 가로대를 이루는 4종

7) 매튜폭스, op.cit., 154.

류의 유전을 결정하는 염기들은 DNA를 이룬다. 이것은 생명이 성장하고, 환경을 감지하고, 움직이고, 소화하고, 번식하는 각각의 방법을 결정한다. 그 안에 자신들이 발전하고 생성해온 모든 기억, 생명의 역사를 간직하고 그 기록대로 새로운 세포들을 복제한다.

인간과 침팬지는 99.4%의 유전자가 동일하며 인간과 초파리에 나타나는 질병이 70%정도가 동일한 것으로 밝혀졌다. 특히 인간의 눈을 구성하는 유전자와 쥐, 초파리의 눈이 동일한 유전자이다(팍스 6유전자, 아이리스, 스몰아이 유전자라고도 함). 쥐의 스몰아이 유전자를 초파리에게 이식한 결과 이들이 초파리 안에서는 초파리의 눈을 형성하는 것이 밝혀져 유전자 편집으로 노벨상을 수상하기도 했다. 모든 생명은 하나에서 발전하였으며 동일한 발달과정을 거쳐 진화한다.

인간도 지구 생명체의 진화과정을 거쳐 온 존재다. 정자와 난자가 만난 수정란이 시작이다. 단세포생물에서 출발해 분열해 가면서 다세포가 되고 각 기관이 생겨난다. 뱃속의 아기는 어머니의 양수 안에서 어류의 생태계를 거쳐 출생한다. 짧은 기간이지만 생명이 진화해온 수십 억년의 과정을 압축하여 경험한다. 성서가 모든 생명이 하나님으로부터 왔으며 그리스도께서 모든 생명 안에서 그들을 충만하게 하신다는 고백과 같이 과학은 지구상의 모든 생명이 하나임을 밝혀준다.

생명체들의 진화에는 방향성이 있을까.

진화에 어떤 정해진 방향은 없다. 생명은 자기 생존을 위해 가장 적합한 조건을 만들고 자기복제를 위해 가장 유리한 조건들을 유전시켜 왔다. 따라서 생명이 걸어온 역사를 살펴보면 '돌봄과 양육'이라는 흐름을 발견할 수 있다.

약 5억 년 전, 바다 속의 생명체가 육지로 나왔다. 땅에 동물들이 자리 잡았고, 고생대, 중생대, 신생대를 거치며 종의 발전을 거듭했다. 생명을 유지하고 복제하는 중요한 정보는 세포 안에 새겨 넣었다.

반면 각 생명체가 살아가는데 필요한 정보들은 뇌에 저장했다. 뇌조직이 진화하면서 나온 첫 번째 산물은 파충류의 뇌다. 흔히 '생존의 뇌'로 불리는 파충류의 뇌는 생존 본능과 연관이 있다. 이 뇌의 핵심 기능은 공격할 것인가, 도망갈 것인가를 판단하는 데 있다. 간단한 기능을 수행하지만 생명을 유지하는 데에는 필수적이다. 여기서 한 단계 발전한 뇌가 포유류의 뇌다. 이는 '감정의 뇌'라고도 불린다. 분노하고 기뻐하며 슬퍼하거나 애정을 갖는 모든 감정이 이 뇌에서 비롯된다. 끝으로 영장류에게 '이성의 뇌'가 생겼다. 추상적 사고와 이성적 생각을 하는 뇌였다. 인간의 뇌는 파충류의 뇌로부터 발전한 부분(R 복합체), 포유류의 뇌로부터 발전한 부분(변연계), 대뇌피질이라는 고등한 뇌로 구성되어 있다.

중생대를 공룡의 시대라고 한다. 공룡은 약 1억 5천만년동안 지구에서 생존한 파충류이다. 어마어마한 덩치로 지구상에서 이들을 대적할 생명체를 찾기 힘들었다. 이들은 지구상 나타난 어떤 생명체보다도 긴 시간 지구를 점령한 불멸의 생명체였다. 그러나 갑자기 지구에 충돌한 소행성으로 인해 공룡은 멸종하게 된다. 약 6천 5백만년 전이다. 지구상의 생명체들이 거의 멸종하는 대 참사를 거친 이후에 지구는 몸집이 작은 포유류들의 세상으로 넘어가게 된다.

공룡은 파충류에 속하지만 이들은 매우 발달한 생명체였다. 공룡이 이렇게 오래 지구를 점령한 이유 중 하나는 이들이 어린 공룡을 모아 따로 육아를 전담하는 시스템을 가지고 있었기 때문이다. 이런 증거들이 화석의 자료를 통해 발굴되었다. 이를 통해 공룡의 개체들은 비교적 자유롭게 행동하며 먹이를 구할 수 있었고 어린 생명체들은 양육을 통해 보호하고 그 개체를 효과적으로 유지해 나감으로 오랫동안 지구의 주인이 되었다.

이러한 진화는 후에 나타난 포유류들에게 보다 본격적으로 나타난다. 포유류는 태어나기 전부터 오랫동안 어미의 뱃속에서 새끼를 키운다. 어미와의 유착관계는 그의 생명이 시작하는 본질이다. 이들은 돌봄과 양육을 특징으로 한다. 쥐를 한 무리는 귀여워해주고 한 무리는 격리시켜 실험한 결과 귀여움을 받은 쥐는 조용하고 보다 침착하게 문제들을 해결해 나갔다. 이들은 활발하고 주도적이고 새로운 환경에 기꺼이 탐색해 보려는 의지가 넘쳤다. 그러나 만져주지 않은 쥐들은 새로운 환경에서 물러나는 경향을 보였다.

어린 원숭이에게 공간을 나누어 한쪽은 부드러운 모피를 깔아주고 한쪽에는 젖병을 달아 놓으면 어린 원숭이는 항상 모피 쪽에 와서 부비며 지내다가 정말 배고플 때만 가서 젖병을 빤다. 침팬지는 자기 새끼가 죽었을 때, 그 시체를 몇 일간 품고 다닌다. 포유류에게는 밀착이 중요하다. 많이 안아주고 접촉을 갖는 것이 매우 중요한 생존의 요소이다. 접촉자극은 포유류에 있어서 건강한 발달과 생존을 위한 필수 사항이다.

현생인류, 호모 사피엔스

인간에게도 돌봄과 양육이 절실하다. 하물며 인간은 '성인'이 되기까지의 기간이 매우 길다. 침팬지는 3년이면 성장을 완료하는데 반해 인간은 완전히 성장하려면 20년 가까이 걸린다. 세상에 나오자마자 걷고 뛰는 동물들과 달리 두발로 일어서는 데만 일 년이 걸린다. 그만큼 불완전한 상태로 태어난다. 그리고 천천히 사회 관계망을 통해서 완성된다. 인간을 사회적 존재라고 부르는 이유이다. 인간은 불완전한 생명체로 태어나 관계를 통해 성장해 나간다. 주변의 부모, 가족, 친구, 동료들과 만나 사회적인 관계를 통해 자신을 완성하는 존재이다.

19세기 유럽의 고아원에서 한살 이내의 영아사망률은 90-99%에 달했다. 후에 이 놀라운 사망률의 원인이 보모의 수가 적었기 때문에 충분히 안아주고 접촉하지 못했기 때문이라고 밝혀졌다. 만지고 안아준 아기는 그렇지 못한 아기에 비해 50% 더 빨리 몸무게가 늘어나고 주변 환경에 더 깊은 주의력을 보였다.[8)] 인간은 접촉에 민감하다. 팔이나 손을 만져서 사람의 혈압을 내려줄 수 있고, 말없이 안아주고 쓰다듬는 행위로 위기에 처한 사람을 구할 수도 있다. 반려동물과 함께 사는 심장병 환자들이 그렇지 않은 이들보다 더 오래 살았다는 실험 결과도 있다.

인간은 다른 동물들 보다 뛰는데도 느리고 힘이 센 편도 아니며 덩치가 그리 크지도 않다. 그러나 인간은 불을 사용했다. 밤이면 공격해 오는 맹금류들을 피하기 위해 불을 피워 놓고 불가에 모여앉아 의사소통을 하며 사회화하는 과정을 거쳤다. 그리고 힘을 합해 협업을 하며 자기들 보다 훨씬 큰 동물들을 굴복시켜 나갔다. 이렇게 서로 단결할 수 있는 인간은 나아가 삶을 초월해서 죽음이후의 세계까지 연대하는 능력을 발전시켰다.

초기 인류인 호모 속에 속하는 네안데르탈인과 하이델베르크인에게는 매장 의식이 나타난다. 이들은 아직 현생 인류인 호모 사피엔스가

---

8) Ibid., 167.

나타나기 전 약 70만년에서 40만 년 전의 인류인데 고인이 사용하던 손도끼나 사슴 등을 같이 매장함으로 고인이 살아가면서 필요했던 것들을 제공하고자 했다. 무덤에 부장품들은 고인과 생전에 가졌던 관계들이 죽음 후에도 연결되기를 바라는 문화에서 나왔다. 죽음 이후를 생각하고 이를 삶의 연장으로 생각하는 것은 인간에게만 나타나는 독특한 문화이다.

현생 인류의 조상인 호모 사피엔스는 약 20만 년 전에 동아프리카에서 나타난 후에 혹독한 빙하기를 맞는다. 이들에서 발전해 나간 현생인류는 모두가 매우 동일한 유전자를 가진 호모 사피엔스이다. 이런 것을 유전자 병목현상이라고 하는데 동일한 유전자가 넓게 퍼져서 나타나는 것을 말한다. 이것은 인간이 빙하기를 맞아 거의 멸종단계를 거쳐 발달해 왔기 때문이다. 멸종직전에 살아남은 소수의 사피엔스 들에 의해 전세계 인류가 퍼져갔기에 유전자의 다양성이 적고 인간은 거의 동일한 유전자로 구성되었다.

인간은 도구에서 기술적 진보를 이룩하며 문화를 만들어 냈다. 처음에는 서로 잘 알고 지내는 수십 명으로 구성된 친밀한 공동체를 이루었다. 이런 작은 공동체는 구성원의 감정적 필요를 충족시켰을 뿐 아니라 서로를 안전하게 보호하며 생존에 든든한 울타리가 되었다. 그러나 지난 2세기 동안 인류에 이런 친밀한 공동체는 대부분 사라졌다. 감정적 공백은 상상의 공동체가 맡게 되었다. 즉, 국민은 국가가 만든 상상의 공동체이고 소비 공동체는 시장이 만든 상상의 공동체인 것이다.[9]

인간은 타인과의 협업을 통해 자기보다 덩치가 큰 대형동물들을 정복할 수 있었다. 시청광장에 10만 명의 사람들이 모였다고 하자 인간은

9) 유발 하라리,『사피엔스』, 조현욱 역, (김영사, 2016), 512.

인권, 정의, 평화라는 추상적 목표를 가지고 모이고 흩어지기도 하며 자신들의 목표를 관철하여 나간다. 그런데 어떤 동물도 10만 마리를 모아 놓았다면 그들을 통제하기는 불가능하다. 이런 협업이 가능한 것은 인간이 가진 상상력이다. 인간은 신, 국가, 화폐, 인권, 정의, 평화라는 상상 속에 내재된 가치와 존재를 믿을 수 있는 능력을 가졌다. 여기서 인간의 '상상의 질서'를 만들어 낸다.[10] 살아 움직이는 생물의 가장 기본적이고 중요한 본능은 자기 생존이다. 그러나 인간이 가진 추상적인 상상력은 그에 반하는 일도 할 수 있다. 자신이 생각하는 가치들을 위해서라면 자신의 생명까지도 헌신할 수 있다. 이것은 본능으로 사는 동물들과 구별되는 인간만의 특징이며 오늘날 문화의 꽃을 피우는 원동력이다.

우주가 지금 팽창하고 있다. 움직이고 있다는 것은 단지 팽창하고 있는 것만이 아니라 본성적으로 에너지에 찬 것이고, 활력이 있고, 조직하며, 분주하게 생성하며, 춤추고 진동하며 무언가를 희구하고 이동하며 혼돈가운데서 끊임없이 질서를 찾아 가고자 하는 방향으로 움직이는 것이다. 생명의 진화 또한 동일하다. 하나님의 말씀은 이 변화를 이끌고 나아가는 방향이며 출발점이기도 하다.

자연의 질서가 약육강식, 적자생존이 아니다. 그렇다면 지구상에 공룡, 사자, 호랑이만 남아야 할텐데 그들은 멸종되었거나 멸종위기에 있다. 오히려 약하지만 서로 협동하는 종들이 살아남았다. 자연과 더불어 살고, 인간과 더불어 살고, 하나님과 함께 하는 사람만이 행복을 누릴 것이다. 참된 성장이란 만물이 서로 영향을 주고받으며 서로가 원하는 형태로 발전하는 것이다. 우주 만물은 서로 얽혀 있고 서로 의존하고

10) Ibid., 165쪽 이하.

있다. 우주를 이루는 각각의 사물이 자신이 거주하는 자리에서 다른 사물들과 바른 관계를 맺을 때, 비로소 정의로운 관계 속에 들어가게 될 것이다. 어느 일부분에게 희생을 강요하는 관계는 창조의 조화를 거스르며 하나님을 거스른다. 서로가 조화로운 관계들 속에서 충만한 기쁨을 누릴 때, 만물이 평화를 실현할 수 있다.

과학자들은 단지 그 과정을 들여다 볼 뿐이다. 기계적인 구성이나 과정은 밝혀주지만 거기에는 생명이 왜 시작되었는지 앞으로 어디로 가야할지 방향이 없다. 그러나 성경은 "생명은 사람들의 빛이라"(요한 1:4)고 하신다. 우리 생명의 방향을 제시한다. 우리의 생명이 이 지구상에 나타났다가 사라지지만 그 과정에서 빛으로 역할을 하도록 덧입혀 주셨다. 그 말씀으로 인해 우리는 비로소 삶의 의미를 갖고, 삶의 방향을 갖게 된다. 우리가 하나님의 뜻을 덧입고 그분께서 기뻐하시는 방향으로 나아갈 때, 바로 우리의 본질인 빛이 드러난다. 그것이 교회와 신학이 가지는 임무이다, 하나님께서 빛이면서도 빛으로 살지 못하는 마음의 어두운 그림자들을 치유해 주실 것이다.

진화론은 모든 생명이 연결되어 있음을 '다른 방식'으로 밝혀 주었다. 다른 방식이란 과학적인 방식이다. 본질에 닿는 길은 여러 가지가 있다. 과학적인 방법은 그 길 중 하나다. 그리고 본질은 하나님이 지으신 만물은 모두 연결되어 있다는 것이다. 실재라 부를 수 있는 물질로도, 비 물질인 정신과 영혼으로도 말이다. 인간은 이 연결 사슬의 맨 끝자락에 있다. 우리가 고백하는 천지를 창조하신 하나님은 오직 인간 종(種)에만 당신의 섭리를 베푸는 그런 신이 아니다. 인간의 몸 자체가 더 큰 생명체와 연결되어 있으므로 하나님께서 인간만을 구원하신다고 하면 이 연결을 보지 못하는 것이다.

03
전도서

전도서는 B.C 250-200경의 작품이다. 다섯 개의 전례용 두루마리(아가서, 룻기, 애가, 에스델, 전도서) 중 하나로, 유대인들이 장막 축일(초막절) 셋째 날에 회중 앞에서 낭독하던 책이다. 전도서를 포함한 성문서가 정경으로 확정된 것은 오경과 예언서보다 훨씬 후대인 주후 90년 경, 유대인 학자들이 모인 얍니야(Jamnia)회의에서 였다.

전도서는 "다윗의 아들 예루살렘의 왕 코헬렛의 말씀이라(1:1)"라는 정의로 시작된다. 히브리어 코헬렛(Koheleth)은 '성회 앞에서 말하는 사람'을 의미한다. 전도서라는 이름은 영어 'Ecclesiastes'를 번역한 것인데, 이 단어는 희랍어 성경인 70인 역 역자가 히브리어 '코헬렛'을 번역하면서 사용한 '에클레시아스테스(εκκλησιαστης, 교회, 회중)'를 옮긴 것이다. 회중 앞에서 말하는 사람을 전도자로 생각한 것이다.

역사적 배경

문학 작품을 유명인의 이름으로 돌리는 당시의 전통으로 미뤄볼 때, "다윗의 아들, 예루살렘의 왕"이 솔로몬인지 아닌지는 명확하지 않다.

실제로 1절 이외의 본문에서는 솔로몬이라는 이름이 직접 언급되지 않는다. 그러나 저자가 부와 권세 모든 것을 누린 최고 권력자이며 유대인 현자임은 분명하다. 전도서는 평생 영광을 누린 자가 깨달은 삶의 지혜를 전하는 책이다.

전도서는 B.C 3세기 프톨레미 왕조가 다스리던 시대의 작품이다. 전도서의 히브리어 본문에는 후대에나 사용되던 아람어가 많이 등장하고, 간혹 페르시아의 외래어도 등장한다. B.C 333년에 알렉산더가 세계를 정복하고 전 세계를 통합하는 거대한 그리스 제국을 세웠고, 그 이후 그리스 제국은 이집트를 중심으로 한 프톨레미 왕조와 시리아를 중심으로 한 셀류커스 왕조로 갈라졌다. 이스라엘은 프톨레미 왕조의 통치 영역 안에 있었다.

프톨레미 왕조는 관계 수로를 이용한 농법을 도입했다. 이로 인해 생산력은 비약적으로 늘었고, 여유 있는 농민 계층이 생기게 되었다. 이들은 후에 자신들의 여유 시간을 통해 더욱 자신의 신분을 상승시킬 목적으로 율법을 연구하여 전문가가 되기도 하는데 성서는 이를 바리새인이라 부른다. 풍부한 세금을 거둘 수 있었으니 왕조 또한 풍요를 누리게 되었다.

제국은 늘어난 부로 더욱 정밀한 행정조직, 지배조직을 강화할 수 있었다. 전에 지방 향촌은 중앙 권력의 영향을 받지 않고 나름의 토착 질서를 유지했지만, 이제는 강력한 제국의 지배와 감시가 향촌 사회 구석구석까지 미치게 되었다. 지배구조의 강화는 그에 필요한 억압과 착취를 동반했다. 물질만능의 풍조가 만연했다. 억압과 불의, 부패로 얼룩져가는 현실 앞에서 이스라엘 백성은 한탄하고 절망했다. 그들의 실망으로 더욱더 회의적인 사상이 만연했다. 이러한 분위기가 그대로 전도서에 반영된다.

> 나는 또 세상에서 벌어지는 온갖 억압을 보았다. 억눌리는 사람들이 눈물을 흘려도, 그들을 위로하는 사람이 없다. 억누르는 사람들은 폭력을 휘두르는데, 억눌리는 사람들을 위로하는 사람이 없다. 그래서 나는, 아직 살아 숨 쉬는 사람보다는, 이미 숨이 넘어가 죽은 사람이 더 복되다고 말하였다. 그리고 이 둘보다는, 아직 태어나지 않아서 세상에서 저질러지는 온갖 못된 일을 못 본 사람이 더 낫다고 하였다.(전도서 4:1-3)

전도서 저자가 가장 중요하게 생각하는 것은 생명이다. 전도서 저자에게 가장 큰 시련은 죽음이다.(전도서 3:19-20, 5:15, 9:4-6). 하지만 동시에, 참으로 아이러니 하게도 "죽은 사람이 더 복되고 아직 태어나지 않은 사람이 더 낫다"고도 한다. 당시 사람들이 겪는 억압의 강도를 짐작할 수 있게 한다.

> 어느 지방에서든지 가난한 사람을 억압하고, 법과 정의를 짓밟아도, 너는 그것을 보고 놀라지 말아라. 높은 사람 위에 더 높은 이가 있어서, 그 높은 사람을 감독하고, 그들 위에는 더 높은 이들이 있어서, 그들을 감독한다.(전도서 5:8)

> 전도자가 말한다. 헛되고 헛되다. 헛되고 헛되다. 모든 것이 헛되다(1:2).

그러나 전도서는 단지 염세적인 허무주의와는 전혀 다른 사고 체계를 가지고 있다. 즉, 전도서 저자는 부와 명성, 영광과 권력 등 인간이 삶에서 욕망하고 집착하는 것들은 참으로 부질없으니, 그 허망한 것들을 추구하느라 자신의 삶을 소진하지 말라고 권고한다. 저자가 생각하기에 "인간에게 참 좋은 것"은 "기쁘게 사는 것, 살면서 좋은 일을 하는 것(3:12)"이다. 나아가 전도서 저자가 회중에게 전하고자 하는 궁극적 깨달음은 인간이 어떤 생각을 하고 어떤 내밀한 행동을 할지라도 하나님이 모든 것을 아시니 "하나님을 두려워하라(12:13)"는 것이다.

전혀 새로운 생각의 틀

한국 교회에는 전도서에 관한 몇 가지 가벼운 오해가 있다.

첫째, "전도서는 전도하기 위한 책"이라는 오해다. 이는 전도서라는 우리말 이름에서 비롯되었다. 하지만, 전도서를 가지고 누군가를 전도하려는 사람은 백발백중 실패할 것이다. "헛되도다. 헛되도다. 모든 것이 헛되도다."라는 성서 구절이라니. 삶의 의미나 목적을 찾아 교회로 발걸음을 옮기려는 사람도 그 허망함에 돌아설 것이다.

둘째, "전도서는 깊은 허무주의에 관한 책"이라고 보는 것이다. 전도서 저자가 "헛되다"고 하는 것은 허무주의와는 전혀 다른 철학 체계에 기반한다. 저자는 인간이 살아가면서 목표로 세우고 몰두하게 되는 것들이 허무하다는 것이다. 존재하고 행위하는 모든 것이 무의미하다는 뜻이 아니다.

전도서는 성서의 다른 책들과는 매우 다른 독특한 신학을 지녔다.

> 지금 있는 것 이미 있던 것이고 앞으로 있을 것도 이미 있는 것이다. 하나님은 하신 일을 되풀이 하신다.(3:15)

이 구절과 바울의 말을 비교해보자.

> 내가 이것을 이미 얻은 것도 아니요, 또 이미 목표점에 이른 것도 아닙니다. 내가 하는 일은 단 한가지입니다. 곧 뒤에 있는 것을 잊어버리고, 앞에 있는 것만을 바라보고, 그리스도 예수 안에서, 하나님께서 위로부터 부르신 그 부르심의 상을 받으려고 목표를 향하여 달려가고 있습니다. (빌립보서 3:12절 이하)

둘 사이에 확연한 차이가 있다. 바울은 자신의 삶을 과거와 현재, 미래가 명확한 일직선상에서 이해하지만, 전도서는 시간의 흐름을 일직선으로 보지 않는다. 나는 이를 '윤회적 역사관'이라 부르고자 한다. '윤회(輪回)'란 말 그대로 "수레바퀴가 구른다"는 의미다. 시간이 수레바퀴처럼 구르면, 시작과 끝이 만나고 과거와 현재, 미래의 구분은 무의미해진다. 반면에 바울의 사상에서 보듯, 성서의 대부분과 그리스도교가 역사를 이해하는 방식은 과거-현재-미래가 명확하고 되돌릴 수 없다. 이를 '직선적 역사관"이라 부르고자 한다. 그리스도인들의 직선적 역사관의 종착점은 '새 하늘과 새 땅'이다. "보라 새것이 되었도다"는 선언과 "하나님은 새 일을 일으키신다"는 신앙이 거기에 있다. 그러나 전도서는 이와 전혀 다른 패러다임을 제시한다.

> 이미 있던 것이 훗날에 다시 있을 것이며, 이미 일어났던 일이 훗날에 다시 일어날 것이다. 이 세상에 새것이란 없다. 보아라, 이것이 바로 새것이다 하고 말 할 수 있겠는가?(1:9–10)

성서는 대부분 직선적 역사관에 기반한다. 그런데 전도서에는 과거, 현재, 미래가 크게 구분되지 않고 다르지도 않다. 비록 단 한 권의 책이며 비주류의 흐름일지라도, 그것이 내쳐지지 않고 성서에 포함되었기 때문에 그리스도교는 시간과 역사에 관한 두 개의 세계관을 모두 가질 수 있었다.

직선적 역사관은 목표가 뚜렷한 만큼 가치판단도 뚜렷하다. "너희는 악을 미워하고 선을 사모하라"(아모스 5:15)는 말씀처럼, 한쪽을 취하고 한쪽을 버린다. 이런 세계관은 사실 모든 세상이 명쾌하기에 이런 세계관 아래서는 별로 고민할 일이 없다. 분명한 목표점이 있기에 모든 세상이 명쾌해진다. 모호함이란 없다. 그런데 사실 분명한 가치판단이 항상 좋은 것만은 아니다. 오히려 많은 영성가들은 인간이 마주하는 수많은 관계와 사건에서 판단을 유보할 때 비로소 하나님을 만날 수 있다고도 말한다. 하나님은 옳고 그름, 좋음과 나쁨, 선과 악, 이런 명확한 가치 너머에 있다고 말이다. 전도서도 선과 악을 구분하지 않는다.

> 모두가 같은 운명을 타고 났다. 의인이나 악인이나, 착한 사람이나 나쁜 사람이나, 깨끗한 사람이나 더러운 사람이나, 제사를 드리는 사람이나 드리지 않는 사람이나, 다 같은 운명을 타고 났다. 착한 사람이라고 해서 죄인보다 나을 것이 없고, 맹세한 사람이라고 해서 맹세하기를 두려워하는 사람보다 나을 것이 없다. (전도서 9:2)

전도서는 이런 것은 세상에서 벌어지는 잘못된 일중에 하나라고 한다(9:3) 그러나 하늘 아래서 벌어지고 있는 자명한 일이기도 하다. 그렇게 되는 것이 세상이다. 만약 그렇다면 "하나님은 공정하신 재판장이시요, 언제라도 악인을 벌하시는 분이시다.(시편7:11)"는 고백은 무엇인가. "의인의 길은 주께서 인정하시지만, 악인의 길은 망할 것이다.(시편 1:6)"라는 노래는 무엇인가. 그리스도교의 가르침은 무용지물이란 말인가.

"선함도 없고 악함도 없다"는 전도서의 말씀을 너무 가볍게 생각하면, 개인의 행위에 대해서 무책임해질 뿐 아니라 자신의 주장을 절대화시키고 자신의 탐욕을 합리화시킬 위험도 크다. 그러나 이 마음으로 판단을 유보하고 인간과 사건을 깊이 들여다보면, 쓸데없는 평가와 섣부른 정죄는 분명 피할 수 있다. 자신이 받아들이지 못했거나 거부한 것들에 대해서 성찰하고 깊이 있는 이해에 도달할 수 있다.

기독교의 세계관은 명백하고 분명한 가치관을 제시한다. 예수께서도 분명한 말씀으로 우리를 부르신다.

> 나는 길이요, 진리요, 생명이다. 나로 말미암지 않고서는 아무도 아버지께로 올 사람이 없다. (요한 14:6)

이런 말씀을 오해하고 광적으로 행하는 기독교인 중에는 밤중에 톱을 가지고 가서 단군상 목을 자른다거나, 절에 몰래 들어가 불상을 부숴버리기도 한다. 이들은 자신이 옳다고 생각한 것에 깃발을 꽂고, "이것이 길이다. 이것이 진리다."라고 확실하게 외치고, 거기 붙지 않는 사람은 정죄한다. 자신이 그리는 새 그림이 생기면, 그것을 중심으로 모든 질서를 재편하고 줄 세우기를 한다. 그리고 그 기준대로 세상의 과거, 현재, 미래를 재구성하기를 반복한다. 수없이 틀을 짜고 그 틀대로 세상을 작도한다. 전도서에서 이런 마음은 오히려 마음에 '미친 마음'(개역), '사악과 광증'(새번역)을 품고 사는 것으로 본다.

> 인생의 마음에는 악이 가득하여 그들의 평생에 미친 마음을 품고 있다가 후에는 죽은 자들에게로 돌아가는 것이라(9:3, 개역)

> 어리석은 자의 입에서 나오는 말은, 어리석음으로 시작해서 사악한 광기로 끝난다. (10:13)

전도서 저자는 어느 한쪽을 선택하여 거기에 삶 전체를 세우는 것 자체를 경계한다. "하나를 붙잡되 다른 것도 놓치지 않는 것이 좋다"며 "하나님을 두려워하는 사람은 극단을 피한다.(7:18)"고 말한다.

전도서는 인간이 중요하다고 매어달리는 가치나 인생관, 인간이 살아가는 데 중요하다고 생각하는 것들에 대해 "덧없다"고 단언한다. 나아가 신앙을 가진 이들에게는 절대적이라고도 할 수 있는 '하나님의 뜻'조차 "아무도 알 수 없는 것"이라고 한다.

> 하나님이 하시는 모든 일을 두고서 나는 깨달은 바가 있다. 그것은 아무도 이 세상에서 이루어지는 것을 이해할 수는 없다는 것이다. 그 뜻을 찾아보려고 아무리 애를 써도, 사람은 그 뜻을 찾지 못한다. 혹 지혜 있는 사람이 안다고 주장할 지도 모르지만, 그 사람도 정말 그 뜻을 알 수는 없는 것이다(8:17)

지혜는 지혜문학에서 최종적인 권위와 가치를 지닌다. 창조 이전에 있었고, 만물이 그로부터 유래했으며, 인격을 가지고 세계를 다스리는 신적 존재다. 지혜의 추구는 지혜문학의 목표(잠 1:5-7)다. 그런데 전도서는 "지혜 있는 사람도 모른다"면서 그것마저 쳐낸다. 그런 의미에서 전도서는 형식상 지혜문학에 속하지만 내용적으로는 지혜에 저항한다.

> 내가 지혜 있는 사람이 되어야지 하고 결심해 보았지만 지혜가 나를 멀리하더라(7:23)

> 지혜가 많으면 번뇌도 많고 아는 것이 많으면 걱정도 많더라(1:18)

노력과 성취에 대해서도 말한다. 저명한 사회학자인 막스 베버는 영국 청교도들을 연구하며 이들이 자신의 직업을 하나님의 부르심으로 알고 근면, 노력하는 정신과 자본주의 형성과 관련이 있다고 보았다. 이들은 자기 분야에서 성실하게 일할 수 있는 정신적 토대를 만들었고 이는 근대산업사회를 촉발시킨 정신적 동력이 되기도 했다. 그런데 전도서는 이런 프로테스탄트 윤리가 중요시 여기는 노력과 성취의 기쁨도 헛된 것이라 한다.

> 온갖 노력과 성취는 바로 사람끼리 갖는 경쟁심에서 비롯되는 것임을 나는 깨달았다. 그러나 이 수고도 헛되고, 바람을 잡으려는 것과 같다. (4:4)

자본주의 사회에서 살아가는 그리스도인이 한 개인, 한 사업체가 '잘 되게' 해달라고 기도할 때에, 그는 이웃과 벗을 잊는다. 적어도 경쟁하는 벗, 동종의 다른 사업체를 돌아보는 자리에 서기 어렵다. 경쟁사회에서는 내가 잘되는 것이 다른 이와의 경쟁에서 이기는 것과 명확히 구분되지 않는다.

교회에서 어린이 설교를 하던 때였다. “하나님 나라는 시험도 없고 등수를 매기지도 않는다”고 했더니, 앉아있던 한 어린 교우가 “그럼 저는 거기 안 갈래요”라고 말했다. 왜냐고 물었더니, 자기는 ‘일 등하는 재미’로 학교에 다닌다는 것이다. 한 사회에서 경쟁을 본질적으로 없애는 건 불가능할지도 모르겠다. 사회구조 문제 뿐 만 아니라 인간의 근원에 있는 비교하는 마음과 더 인정받고 싶은 마음을 온전히 치유해야 가능할 테니 말이다. 그러나 어려서부터 학교에서 서로 돕고 협력하면서 함께 하는 재미와 기쁨을 배우기 전에 경쟁을 하고, 거기서 이기는 사람이 주목을 받는다는 걸 배운다면, 한 인간 뿐 아니라 전체 사회에도 참으로 슬픈 일이 아닌가. 이기고 지는 것, 승리자와 패배자, 더 잘하는 사람과 덜 잘하는 사람. 이렇게 비교를 기반으로 한 상대적인 삶의 방식은 영원히 평온해질 수도, 온전해 질 수도 없다. 평생을 그렇게 산다면 그 수고도 참으로 헛된 것이다. 그 어린 교우에게 전도서의 이 구절을 읽어주고 싶다.

> 한마디만 더 하마 나의 자녀들아, 조심하여라. 책은 아무리 읽어도 끝이 없고 공부만 하는 것은 몸을 피곤하게 한다.(12:12)

부모들은 내심 ‘이런 불온한 구절이 있나’하며 불편할지도 모르지만, 자녀들은 크게 환호할만한 말씀이다. 전도서에 담긴 현자의 짧고도 명쾌한 가르침들은 확실히 해방의 기쁨을 선사한다.

전도서는 돈 문제에 관하여서도 그렇다. 전도서 저자는 “돈은 만사를 해결한다(10:19)”며 현실을 있는 그대로 보여주는가 하면, 다른 구절에서는 "부가 대체 무슨 소용이냐?" 고 말한다.

> 돈 좋아하는 사람은, 돈이 아무리 많아도 만족하지 못하고, 부를 좋아하는 사람은, 아무리 많이 벌어도 만족하지 못하니, 돈을 많이 버는 것도 헛되다. 재산이 많아지면 돈 쓰는 사람도 많아진다. 많은 재산도 임자에게는 다만 눈요기에 지나지 않으니, 무슨 소용이 있는가?...... 어머니 태에서 맨몸으로 나와서, 돌아갈 때에도 맨몸으로 간다. 수고해서 얻은 것은 하나도 가져가지 못한다. 또 한 가지 비참한 일을 보았다. 사람이 온 그대로 돌아가니, 바람을 잡으려는 수고를 한들 무슨 보람이 있는가?(5:10-16)

> 하나님이 마음에 드는 사람에게는 슬기와 지식과 기쁨을 주시고, 눈 밖에 난 죄인에게는 모아서 쌓는 수고를 시켜서, 그 모은 재산을 하나님의 마음에 드는 사람에게 주시니, 죄인의 수고도 헛되어서 바람을 잡으려는 것과 같다.(2:26)

전도서 저자에게 돈을 모으는 사람은 "하나님 눈 밖에 난 죄인"이다. 죄인이기 때문에, 그에게는 부지런히 모아서 쌓는 수고를 시키시지만 정작 쓰기는 엉뚱한 사람이 쓰게 하신다. 부귀영화를 누린 '예루살렘의 왕'은 노년에 하나님께서 우리를 부르실 때, 그 앞에 돈 보따리를 가지고 갈 사람은 없다는 자명한 사실을 깨달았다. 하나님 앞에 갈 때에는 결국 빈 손으로 돌아가야 한다. 우리에게 필요한 것은 예수께서 가르쳐 주신 기도 "오늘 우리에게 일용할 양식을 주옵시며"이다. 그것 외에는 주제넘은 생각이다.

사람의 욕심은 이세상의 재화를 보면 모든 것이 다 탐나며 모든 것을 다 자신의 주머니에 넣어두고 싶어한다. 자신이 얼마나 살 수 있을지 자신이 그 재화를 쓸만한 시간을 얼마나 가졌는지는 전혀 셈할 줄 모른다. 그래서 정작 자기 삶을 기쁘게 살아가지 못하고 제 곡간에 쌓아놓는 일로 안달복달을 하며 살아간다. 자신이 가진 잘못된 욕심에 가려서 제 삶을 살지 못하면서 심지어는 그 잘못된 판단과 욕심을 자녀에게 유산으로 남겨준다. 그것은 재산 뿐 만 아니라 전혀 잘못 짚은 인생관을 유산으로 남기는 것이다.

재벌 이세들을 보라 그들에게서 나오는 소리가 인간의 소리인지, 그렇게 많은 재산을 가진 사람들 중에 왜 그렇게 자살자가 많은지? 첫 단추가 잘못 꿰어진 삶을 유산으로 남기려고 혈안이 되었으니 그야말로 사악과 광증으로 살다가 죽어가는 것이다. 전도서 저자는 그것을 정확하게 볼 줄 아는 사람이었다.

> 세상에서 내가 수고하여 이루어 놓은 모든 것을 내 뒤에 올 사람에게 물려줄 일을 생각하면, 억울하기 그지없다. 뒤에 올 그 사람이 슬기로운 사람일지, 어리석은 사람일지, 누가 안단 말인가? 그러면서도, 세상에서 내가 수고를 마다하지 않고 지혜를 다해서 이루어 놓은 모든 것을, 그에게 물려주어서 맡겨야 하다니, 이 수고도 헛되다.(2:18-19)

자기가 모은 재산을 뒤에 올 사람이 슬기로운 사람일지, 어리석은 사람일지 알지도 못하면서 그에게 고스란히 물려주어 수고도 하지 않는 다른 사람이 그 노력의 결과물을 누리게 되니, 재산을 모으려는 수고가 얼마나 헛되냐는 것이다.

이처럼 전도서는 세상을 보는 하나의 틀을 경계한다. 돈에 관해서

뿐만이 아니라 성공, 노력에 관해서도 마찬가지다. 아무리 의롭고 좋은 사상이나 이념이라 하더라도 획일적인 사고방식을 가지고 사람을 재단하는 것을 피하려고 한다. 나아가 하나님의 뜻이라도, 지혜라도, 그 틀로 사람을 작도하고 자르는 것을 좋아하지 않는다. 인간의 삶에 아무리 중요한 것일지라도 그것이 모든 것의 척도가 되어 인간 보다 앞서는 것을 경계한다. 하나의 절대적인 사상, 관점, 이데올로기, 가치관으로는 세상을 제대로 볼 수 없고 하나님을 만날 수 없다.

전도서는 무엇을 추구하는가?

앞서 전도서의 "헛되다"는 인간 삶의 모든 것이 무의미하다는 깊은 염세주의나 허무주의가 아니라고 설명했다. 그렇다면, 인간이 중요하다고 생각하는 모든 가치를 배제하고, 전도서 저자는 어디에서 삶의 의미를 발견했을까? 전도서에서 여러 번 강조되는 반복귀가 있다.

> 이제 나는 깨닫는다. 기쁘게 사는 것, 살면서 좋은 일 하는 것, 사람에게 이보다 더 좋은 것이 무엇이랴! 사람이 먹을 수 있고, 마실 수 있고, 하는 일에 만족을 누릴 수 있다면, 이것이야말로 하나님이 주신 은총이다.(3:12–13)

> 사람에게 먹는 것과 마시는 것, 자기가 하는 수고에서 스스로 보람을 느끼는 것, 이보다 더 좋은 것은 없다. 알고 보니 이것도 하나님이 주시는 것, 그분께서 주시지 않고서야 누가 먹을 수 있으며 누가 즐길 수 있는가?(2:24–25)

그렇다. 우리의 한평생이 짧고 덧없는 것이지만, 하나님이 우리에게 허락하신 것이니, 세상에서 애쓰고 수고하여 얻은 것으로 먹고 마시고 즐거워하는 것이 마땅한 일이요, 좋은 일임을 내가 깨달았다! 이것은 곧 사람이 받은 몫이다.(5:18)

그렇다. 우리의 한평생이 짧고 덧없는 것이지만, 하나님이 우리에게 허락하신 것이니, 세상에서 애쓰고 수고하여 얻은 것으로 먹고 마시고 즐거워하는 것이 마땅한 일이요, 좋은 일임을 내가 깨달았다! 이것은 곧 사람이 받은 몫이다.(8:15)

전도서 안에서는 기쁘게 사는 삶, 즐기면서 사는 삶, 보람있는 일을 하면서 사는 삶에 대한 주제가 여러 번 강조된다. 지혜도, 성공도, 하나님의 뜻도 소용없다. 거창한 사상과 이념으로 이웃을 판단하기보다 단순하게 지금 여기서 먹는 것, 마시는 것, 보람을 가지고 산다는 것 자체가 삶의 기쁨이다. "네가 들어갈 무덤 속에는, 일도, 계획도, 지식도, 지혜도 없다"(9:10) 지금 숨 쉬고 있고, 지금 식욕이 있어 먹을 수 있고, 갈증 날 때 목을 축여줄 물이 있다면 그것 이상 더 바랄 것이 무엇이란 말인가? 전도서 저자에게는 지금 숨 쉬고 있는 것, 그것이 바로 기적이고 하나님의 은총이다.

그렇다, 다만 내가 깨달은 것은 이것이다. 하나님은 우리 사람을 평범하고 단순하게 만드셨지만 우리가 우리자신을 복잡하게 만들어 버렸다는 것이다.(7:29)

생을 즐기면서 살아라

전도서는 살아있음의 중요성을 강조한다. 죽음보다 삶이 훨씬 우월하다는 전도서 기자의 관점은 9장에서 명확하게 드러난다.

> 살아 있는 사람에게는, 누구나 희망이 있다. 비록 개라고 하더라도 살아있으면 죽은 사자보다 낫다.(9:4)

사자는 동물의 왕이다. 강하고 용맹하고 존엄한 동물의 상징이다. 반면 개는 시대를 막론하고 욕설이나 경멸의 언어에 등장하는 동물로, 비하의 상징이었다. 그런데 살아있다면, 품위있는 사자보다 개가 낫다는 것이다.

전도서는 현재의 생을 즐기라고 한다. 지금 살아 있는 것 그것 자체가 가장 큰 은혜이고 가장 큰 축복이다. 삶의 어떤 조건들, 이념이나 도덕성…이런 것도 중요하겠지만 사람이 목숨을 잃은 후에는 소용이 없다. 그것들은 모두 인간의 생명을 지키고 풍성하게 하기 위한 것이다. 전도서 저자는 몸을 입고 사는 인간의 지금, 여기에 오롯이 집중한다.

그가 보기에 경건한 사람이나 경건하지 않은 사람이나, 착한 사람이나 죄인이나 모두 죽는다는 게 모든 인간의 숙명이며, 이는 참으로 불공평하고 잘못된 일이다(9:3). 죽음이 잘못 살아온 자의 결과가 아니라 모든 인간에게 보편적으로 적용된다는 게 잘 받아들여지지 않는다. 전도서 저자에게 죽음 이후의 삶이란 무의미하기 때문이다. 그에게 죽음이란 몸을 입은 인간으로서 모든 것의 상실이다.

> 살아 있는 사람은 자기가 죽을 것을 안다. 그러나 죽은 사람은 아무것도 모

> 른다. 죽은 사람에게는 더 이상의 보상이 없다. 사람들은 죽은 사람을 오래 기억하지 않는다. 죽은 이들에게는 이미 사랑도 미움도 야망도 없다. 세상에서 일어나는 어떠한 일에도 끼어들 자리가 없다.(9:5–6)

죽음이 무의미하기 때문에, 전도서 기자는 지금, 여기의 삶에 오롯이 집중한다. 모든 이가 결국엔 죽음에 이르기 때문에 허무하다는 결론에 이르는 게 아니라 그렇기 때문에 더 삶에 집중한다. 죽음을 인식하는 사람은, 현재의 삶을 어떻게 살아야 할지 안다. 삶이 영원하지 않다는 것, 언젠가 끝난다는 것을 '지금' 알고 있는 사람은 삶을 대하는 방식이 완전히 다르다. 그는 인생의 즐거움을 누리라고 가르친다.

> 지금 하나님이 네가 하는 일을 좋게 보아 주시니, 너는 가서 즐거이 음식을 먹고, 기쁜 마음으로 포도주를 마셔라.(9:7)

음식과 포도주는 세상에서 애쓴 인간의 수고에 대한 대가다. 다음 절인 8절에서는 "옷을 깨끗하게 입고, 머리에는 기름을 발라라"고 말한다. 지금처럼 늘 옷을 세탁할 수 있는 시대가 아니었기에 깨끗한 옷과 기름도 축제의 상징이다. 부귀영화를 위해 애쓰는 것은 덧없지만, 사랑하는 이들과 함께 음식을 먹고 기뻐하는 것은 삶을 제대로 누릴 줄 아는 자의 선택이다. 전도서 저자는 기뻐하면서 현실에서의 삶에서 최선을 다하라고 말한다.

> 네가 어떤 일을 하든지 네 힘을 다해서 하여라. 네가 들어갈 무덤 속에는 일도, 계획도, 지식도, 지혜도 없다.(9:7–10)

죽음을 직시하면서 살아있는 지금 여기에 온 마음을 다하는 것, 그것이 전도서 저자가 전하고자 하는 깨달음이다.

직선적 인간과 윤회적 인간

유형화란, 세상의 다양함을 이해하는 편리한 도구지만, 동시에 정형화된 도구로 세상의 다양함을 모두 담기란 불가능하다. 어디에 속하지 않는 미세한 다름이 어디나 존재하기 때문이다. 서설이 긴 건, 나에게 세상과 사람을 유형화하는 일이 불편한 까닭이다. 하지만 인간은 자신의 시간을 직선적으로 이해하는가, 아니면 윤회적으로 이해하는가에 따라 매우 다른 삶의 방식과 지향점을 갖는다. 성서는 신에 관한 책이면서 동시에 인간에 관한 책이다. 여기서는 전도서 저자처럼 시간을 이해하는 윤회적 인간과 흔히 성서의 가치관으로 대변되는 직선적 인간이 어떻게 다른지, 다른 세계관이 구체적인 삶의 방식에서 어떻게 드러나는지 이야기해보려 한다.

먼저, 직선적 인간은 기독교를 중심으로 하는 서양에서 보편적으로 드러난다. 오랜 시간 서구 사회는 시간은 앞으로 나아간다고 여겼다. 지나간 과거는 돌이킬 수 없으니 미래를 향해 달려나아갔다. 따라서 이들은 목표를 이루는 데 탁월하다. 자신의 일에 열정적이고 뜻을 같이하는 사람들에게는 존경을 받기도 한다. 하지만, 자기 가치관이 뚜렷하기 때문에 자칫하면 주변 사람들을 쉽게 가치 판단할 수도 있다. 질문에 관한 답변은 늘 준비되어 있고 확실하다.

윤회적 인간에게는 시작과 끝, 원인과 결과가 다르지 않다. 동양적 사고를 하는 이 인간유형은 세상을 좀 더 넓게 이해한다. 사람에 관하여서도 섣부른 판단을 유보할 수 있다. 하지만 경계가 느슨하고 시간을 무한하게 받아들이면, 자칫 자기감정이나 욕망대로 움직여 주변의 사람들에게 나태하고 퇴폐적인 행태를 보일 수 있다. 최악의 경우엔 자기 마음대로 행동하고 그것을 합리화시키는 파렴치한 행태를 보일 수도 있다.

인간이 이 둘 사이에 반드시 하나의 방식으로 살아가는 건 아니다. 두 가지 사고 모두 인간 안에 공존한다. 최근 서양에서도 포스트모더니즘을 통해 윤회적 역사관이 널리 퍼지고 있다. 이 둘은 논리적으로는 서로 만날 수 없는 듯 보이지만, 역사 안에서 공존해 왔다. 전도서가 정경에 포함되는 과정만 봐도 그렇다. 전도서가 성서 안에 존재해야 하는가를 놓고 수많은 신앙인과 학자가 극심한 논쟁을 했지만, 직선적 역사관이 주를 이루는 기독교 역사관 안에서 결국 전도서는 정경으로 살아남았다. 나는 그것이 야훼 신앙을 가진 이들에게도 직선적인 세계관만으로 세상을 이해하기 어려운 면이 있었기 때문이라 생각한다. 인간은 사는 동안 단 하나의 사고로 살아가지는 않는다. 확신을 가졌다가도 의문을 품고 다시 새 길을 찾아나가는 여정이 평생 계속된다. 때론 확신이 삶을 더 단단하고 안정감 있게 만든다고 여길지도 모르지만, 확정되지 않은 개방성에 자신을 열어놓을 때, 진리를 찾을 수 있으리라. 정반합의 여정에 불필요한 과거는 없다.

전도서의 윤회적 세계관과 불교의 세계관

전도서의 윤회적 세계관은 불교의 사상과 유사한 면이 많다.

色不異空 空不異色 色卽是空 空卽是色(색불이공 공불이색 색즉시공 공즉시색)

“색은 공과 다르지 않고 공도 색과 다르지 않다. 색이 바로 공이요 공이 바로 색이다.”는 반야심경의 말씀이다. 이것은 하나를 취하되 하나를 정죄하는 인간정신의 경망스러움을 일시에 뒤집는 반전이다. 우리를 화나게 하고 견딜 수 없게 만드는 극단의 경향을 냉철하게 살피게 하는 심오한 경지가 이 말씀 안에 있다.

인도 힌두교의 카주라호 사원 외벽에는 은밀한 정사장면 부조가 새겨져있다. 가장 신성해야할 사원에, 그것도 외벽에 보란 듯이 새겨져 있는 것이다. 음지의 것을 밖으로 표출하는 종교, 양지 음지를 따로 나누지 않고, 있어야 할 것과 버려야 할 것을 나눠 가치 평가하지 않으며, 있는 그대로 모든 것을 수용하고 받아들이는 호방(豪放)한 정신 세계를 느낄 수 있다.

금강경은 진리에 대하여 이렇게 말한다.

“왜냐하면 여래(如來)께서 설(說) 하신 법(法)은 파악할 수도 없으며, 말할 수도 없으며, 또한 법이 아니며, 법아님도 아니기 때문입니다.”(금강경 제7, 無得無說分)

이런 이중부정은 인도 불교 숫타니파아타, 아함경(阿含經), 금강경(金剛經), 용수(龍樹)의 중론(中論) 등에서 가장 핵심적 진리의 맥을 이루는 논리다.

非有而非無故(비유이비무고 : 있는 것도 아니고 없는 것도 아니다)

非非有而非非無故(비비유이비비무고 : 있는 것도 아닌 것이 아니고, 없는 것도 아닌 것이 아니다)

모든 말이 상대적이지만 비교적 있고 없음은 명백한 증거가 드러나는 말이다. 그런데 있는 것도 아니고 없는 것도 아니라니 도대체 무슨 뜻인가? 예를 들어 책상 위에 물병이 하나 있을 때 우리는 "책상위에 물병이 있다"고 한다. 그러나 이것을 치우면 "물병이 없다"고 말한다. 그러나 도대체 무엇이 있는 것이고 무엇이 없다는 말인가? 모두 상대적인 개념일 뿐이다. 물병의 본래 존재 유무가 아니라 물병이 있는 '상태'를 "물병이 있다"고 말하는 것이요, 물병이 없는 '상태'를 "물병이 없다"고 말하는 것이다. 본래 물병이 책상위에 얹혀있는 모습과 책상만 있는 모습일 뿐인데, 우리는 여기에 "있다" 혹은 "없다"는 개념을 붙인다. 언어의 세계에는 필연적으로 이원론의 함정이 도사리고 있다. 사람이 좋다-나쁘다, 시험을 잘 봤다-못봤다, 선하다-악하다 등등 모든 언어는 상대적이며 대립적이다. 그래서 우리가 언어를 쓰는 한 대립과 양극화를 피할 수 없다. 언어란, 인간을 소통하게 하는 최소한의 도구지만, 때로는 의미를 축소시킨다. 증오도, 사랑도, 희망도, 절망도, 언어가 생각에 이름을 붙이는 순간, 마음 한쪽에 불을 지핀다. 시험을 보고 온 아이들에게 결과를 물어보면 "그냥 그래요"라는 대답이 태반이다. 우리 삶의 실제가 규정화된 언어로 적절히 표현할 수 없는 어느 지점에 있기 때문이리라.

유와 무는 따로 떨어져 있는 것이 아니라 서로 통하는 것이다. 어느 한 쪽을 가진다는 것은 다른 쪽을 버리는 것이고, 그 쪽을 버린다는 것은 결국 자신이 취하려던 쪽도 버리게 되는 것이다. 우리를 누가 화나게 하면 나를 분노하게 한 상대에게 복수를 하고픈 마음이 전광석과 같이 마음에 떠오른다. 씩씩거리다가 한숨 자고 일어나 분노가 사그러들면, 어제의 자신이 민망하고 쑥스러울지도 모른다. 불가(佛家)에서는 이런 것을 아상(我相) 또는 아집(我執)에 사로잡혔다고 한다. 마음에 평정을 잃어버려 한쪽으로 기울어 진 상태, 이성을 잃어버린 것을 말한다.

불교의 진리는 언어를 뛰어 넘는다. 그러기에 참다운 진리를 표현할 때, 단지 빙긋 웃는 염하시중의 미소로 답할 뿐이다. 말을 쓰고 말로 표현하면 그 편견의 세계에 몸을 담게 되는 것이며, 이미 마음을 풍랑의 바다 속으로 던져 버리는 것이다. 그러므로 교종 불교가 부처님의 말씀이나 깨달은 선사들의 말씀을 중시하는 데 비해 선종 불교는 언어를 초월하여 선을 통한 깨달음을 중시한다. 위에 말씀을 수학적 기호[1]로 표현하면

$$X = \sim X$$

이것이 부정의 논법인데 불교의 선문답은 바로 이러한 부정의 논법들을 잘 보여준다. 여기서 X라는 변수에는 모든 대립되는 성격이 다 망라될 수 있다. 예를 들면, 선악, 고저, 장단, 유무 등이다. 그러나 "그런 변수는 다 아니다"라고 할 때 모든 것은 변수에 들어가지만 역시 '아니다' '그렇다'라는 대칭이 변수 밖에 남게 된다. 그러므로 그것이 완벽한

1) 필자의 스승 한태동 박사의 강의로부터 배웠다.

언어의 대칭의 세계를 벗어나게 하려면 "아닌 것도 아니다"라고 한번 더 부정해 주어야 완벽하게 언어의 대칭구조를 벗어날 수 있다. 이것을 기호로 나타내면 다음과 같다.

$\sim X = \sim(\sim X)$

그러므로, 진리는 있는 것도 아니며 없는 것도 아닌 것이라고 하며, 나아가 여기에 쓰인 "아니다, 그렇다"라는 양극을 다시 부정함으로 非非有而非非無故(비비유이비비무고 : 있는 것도 아닌 것이 아니고, 없는 것도 아닌 것이 아니다)는 복잡하고 수학적인 언어로 언어의 양극성을 넘어서는 것이다.

전도서와 노자의 도덕경

天下皆知美之爲美 斯惡已(천하개지미지위미 사악이. 천하의 모든 사람들이 아름답다고 알고 있는 것은 꾸며진 아름다움이며 사악한 것이다.)

皆知善之爲善 斯不善已(개지선지위선 사불선이. 모든 사람들이 선하다고 알고 있는 것은 꾸며진 선이며 선하지 않은 것이다.)

이것은 노자의 도덕경 제2장에 첫줄에 나오는 구절이다. 누가복음에도 비슷한 말씀이 있다. "모든 사람이 너희를 좋게 말할 때에 너희는 화가 있다. 그들의 조상이 거짓 예언자에게 그와 같이 행하였다."(누가

6:26)

도대체 왜 모든 사람이 좋게 말할 때 화가 있을까. 만약 이 세상이 완성된 세상이라면 모든 사람이 좋게 말하는 사람은 좋은 사람일 것이다. 그러나 인간 세상은 여전히 불의가 판을 치고 불평등이 만연하다. 억누르는 사람이 있는가 하면 억눌림을 당하는 사람이 있고, 빼앗는 사람이 있는가 하면 빼앗기는 사람이 있다. 폭력을 쓰는 사람이 있는가 하면 폭력을 당하는 사람이 있다. 현실에서 모든 이에게 좋은 소리를 듣는 사람은 좋은 사람이라기 보다 진실되지 않은 사람, 중심을 잃은 사람일 가능성이 더 크다. 이런 세상에서 의로운 사람은 한쪽으로는 미움을 사고 한쪽으로는 환영받을 것이다. 의의 편에, 가난한 자의 편에, 억울함을 당하는 자의 편에서는 사람은 단지 미움을 사는 정도가 아니고 핍박, 배척, 누명을 쓰게 될 것이다.

故有無相生(고유무상생 : 그러므로 있고 없음은 서로 생겨나는 것이고)

難易相成(난이상성 : 어렵고 쉬움은 서로 이루어지는 것이며)

長短相較(장단상교 : 길고 짧은 것은 서로 견주는 것이고)

高下相傾(고하상경 : 높고 낮음은 서로 기대어 있으며)

音聲相和(음성상화 : 음과 소리는 서로 조화를 이루고)

前後相隨(전후상수 : 앞과 뒤는 서로 따르는 것이다)

도덕경의 말씀인데 여기서 댓구를 이루는 有無, 難易, 長短… 등 변화하는 것들 하나하나의 의미가 중요한 것은 아니다. 수학적 공식으로 나타내면 X와 ~X로 볼 수 있다. 도덕경에는 계속 이러한 대조를 이루어 간다. 도덕경 1장에도 이러한 양자(兩者)는 此兩者同 出而異名(차양

자동 출이이명 : 이 둘은 같은 것이나 이름이 다르게 표현된 것이다)이라고 한다.

이런 공간적인 대조를 시간의 축으로 바꾸면 도덕경 1장의 첫머리로 들어가게 된다.

> 道可道 非常道(도가도 비상도 : 도를 도라고 하더라도 항상 도인 것은 아니며)
> 名可名 非常名(명가명 비상명 : 이름을 붙여 부를 수 있지만 항상 그 이름이라야하는 것은 아니다)

다시 전도서로

전도서는 이 세상에서의 규정되는 선과 악에 대해서 상대적이다. 그러나 궁극적 선악을 완전히 포기하지는 않는다. 전도서를 잘못 이해하면 세상 어느 것에도 물들거나 마음을 빼앗기지 않고, 세상사와 떨어진 곳에서 진리를 논하는 도인의 삶을 지향할 수도 있다. 하지만 전도서는 현실에서 마음을 다할 것을 강조하면서 궁극적인 심판을 포기하지 않는다.

> 나는 이 세상에서 벌어지는 모든 일을 살펴보다가, 이 세상에는 권력 쥔 사람 따로 있고, 그들에게 고통받는 사람 따로 있음을 알았다. 나는, 악한 사람들이 죽어서 무덤에 묻히는 것을 보았다. 그런데 사람들은 장지에서 돌아오는 길에 그 악한 사람들을 칭찬한다. 그것도 다른 곳이 아닌, 바로 그 악한 사람들이 평소에 악한 일을 하던 바로 그 성읍에서, 사람들은 그들을 칭찬한다. 이런 것을 보고 듣노라면 허탈한 마음 가눌 수 없다. 사람들은 왜 서

> 슴지 않고 죄를 짓는가? 악한 일을 하는데도 바로 벌이 내리지 않기 때문이다. 악한 사람이 백 번 죄를 지어도 그는 여전히 살아 있다. 사람들은 말한다. "하나님 앞에 경건하게 살면서 하나님을 두려워하는 사람은 모든 일이 다 잘 되지만 악한 자는 하나님을 두려워하지 않으니, 그가 하는 일이 잘 될리 없으며, 사는 날이 그림자 같고 한창 나이에 죽고 말 것이다." 이 세상에서 헛된 일이 벌어지고 있다. 악한 사람이 받아야 할 벌을 의인이 받는가 하면, 의인이 받아야 할 보상을 악인이 받는다. 이것을 보고, 나 어찌 헛되다고 말하지 않을 수 있겠는가? (8: 9-14)

> 나는 세상에서 또 다른 것을 보았다. 재판하는 곳에 악이 있고, 공의가 있어야 할 곳에 악이 있다. 나는 마음속으로 생각하였다. "의인도 악인도 하나님이 심판하실 것이다. 모든 일에는 때가 있고, 모든 행위는 심판받을 때가 있기 때문이다. (3:16-17)

성서의 하나님은 중립적 위치에 머무는 하나님이 아니다. 그는 일방적으로 편드는 하나님이시다. 이것은 "모든 사람의 하나님"이란 개념을 파괴한다. 하나님은 약자, 가난한자, 억눌린 자의 편을 들지 않을 수 없는 분으로 자신을 계시하신다.

서양 철학의 모태가 되는 희랍의 신(神) 개념은 신을 불편부당(不偏不黨), 전지전능(全知全能), 절대자유의 신으로 본다. 그런데 이러한 신 개념은 결국 관념이 되고 무력하게 된다. 이런 신 개념은 현실의 문제를 피해가는 대신 내면적 평화, 마음의 안정을 얻고자 한다. 그러나 결국 어느 편에도 가담하지 않는 신학적 관념주의에 귀결되고 만다. 마치 도인인 양, 어느 편에도 가담하지 않고 더러운 것에 손 담그지 않으려고, 때 탈까봐 옷자락 들고 조심스레 건너는 내면적 평화주의는 또 다른 초월주의에 불과하다. 이것은 지배자가 이용하는 고차원적 합리화이며 이 세상에는 존재하지 않는 고상한 척하는 논리의 늪이다.

이러한 잘못된 사상은 내 앞에서 벌어지는 악에 눈감고 내면적 평화를 이룩하는 데는 매우 우수하고 분명한 논리이지만 결국 그것이 새로운 세상으로 나아가는 것을 방해하거나 회피하는 데 쓰인다.

예수님도 삼십 세의 청년예수가 유대교 성전을 숙청할 때, 채찍을 쓰고, 성전의 상인들을 뒤집어엎는 폭력을 감행하였다. 그를 옳고 그름의 경계를 초월하는 도인으로 만드는 것은 많은 무리가 따른다. 그런 의미에서 성서와 전도서는 해체주의를 뛰어넘은 논리를 제시한다. 3장 17절 에서는 명백하게 하나님의 심판을 말한다. 이것은 궁극적 심판 이전에 우리가 판단하는 선과 악은 모두가 상대적이라는 말이다.

만약 우리가 절대 판단을 내릴 수 있다면 하나님의 심판은 필요 없을 것이다. 우리가 이 세상에서 내리는 판단들에 대해 그 상대성과 한계를 수용하고 겸허한 마음을 가져야하지만 그러나 어느 편에도 가담치 않는 도인인 양 할 수는 없다. 우리가 가담하고 판단하고 참여하는 그것이 궁극적으로 옳지 않을 수도 있다. 최종적으로 하나님에 의해서 "아니다"는 판단을 받을 수도 있다. 그것이 우리들의 판단을 뛰어넘어 궁극으로 남아 있는 하나님의 심판이다. 그러나 우리는 이 세상에서 우리들의 판단대로 참여하겠다. 혹시 그것이 지옥으로 가는 길이 될지라도.... 바로 그것이야말로 편당성을 갖는 하나님과 함께 하는 길이기 때문이며 최후의 심판을 하나님께 유보하는 신학이 내포하고 있는 참여의 정신이다.

생각할 문제

전도서는 우리의 생명, 삶을 가장 중요하게 생각한다. 인간이 가진 종교적 신념, 지식, 돈, 노력과 성취등 어떤 가치로도 이 생명을 대신할 수 없다. 전도서는 이런 가치들은 영원한 것이 아니라고 한다. 겉으로 보기에는 성공의 지표가 되고 당장 우리의 삶에 큰 성취로 보일 수 있지만 전도서 저자의 눈에는 헛되고 헛될 뿐이다. 그렇다면 이렇게 눈에 보이는 가치를 뛰어넘어서 일상을 살아가는 우리가 추구해야할 것들은 무엇일까에 대해서 각자의 경험을 이야기 해보자.

무화과와 포도나무 아래서[2)]

> 온갖 노력과 성취는 바로 사람끼리 갖는 경쟁심에서 비롯되는 것임을 나는 깨달았다. 그러나 이 수고도 헛되고, 바람을 잡으려는 것과 같다. (전도서 4:4)

독일의 사회학자 막스 베버(Max Weber, 1864-1920)는 영국 청교도들의 사례를 연구했다. 그는 자신의 직업을 소명과 천직으로 알고 근면하게 노력하는 청교도 윤리가 오늘의 서구 자본주의와 관계가 있다고 보았다. 그런데 전도서는 "노력과 성취도 가만히 보니 각자의 경쟁에서

2) 이 설교는 강수돌, "경쟁을 어떻게 볼 것인가?"(20-33쪽)과 이계삼, "경제위기 시대에 슈마허를 생각한다"(34-49쪽) 『녹색평론 128집』(2013,1-2월)을 참고했다.

비롯되는 것"이기에 헛되다고 말한다.

한 대학에서 학생들에게 "우리사회에서 경쟁은 반드시 필요한 것인가?"라는 질문을 던졌다. 90% 이상의 학생이 "여러 폐해가 있기는 하지만, 발전을 위해 경쟁은 반드시 필요하다"는 의견을 냈다. 이 대답을 들은 교수는 학생들에게 6명씩 조를 짜서 그중에 누가 제일 열심히 하고 누가 가장 비협조적인지 등수를 매겨보라고 했다. 그러자 학생들은 난감한 표정으로 "교수님, 제발 그만하세요."라고 외쳤다.

경쟁은 정말 성장과 발전의 근본 동력일까. 경쟁이 없는 상태에서 인간은 나태하고 무능하며, 사회는 앞으로 나아갈 수 없는 것일까. 그러니 개인과 사회는 늘 시선을 타자에 고정하고 '그들보다 더'를 에너지의 원천으로 삼아야 할까.

우리는 무의식 속에 "경쟁이 필요하다"고 내면화하고 있다. 약간의 폐해만 줄이면, 즉 경쟁이 공정하게 진행되고 과열되지만 않는다면 우리의 좋은 동기가 된다고 여긴다. 그러니 자기 자신 뿐 아니라 가족에게, 동료에게 "네 친구를 좀 봐.", "그들이 어떻게 하는지를 좀 봐. 그들로부터 자극을 받아"라고 말한다. 그러나 막상 경쟁 상태에 들어가면 누구도 결코 행복하다고 느끼지 못한다. 사실 우리의 깊은 내면에서는 할 수 있다면 경쟁 상태를 피하고 싶어 한다. 또한 인간은 경쟁보다는 협업에서 더 평화롭고 본질적인 기쁨을 느낀다. 그리고 기쁨은 경쟁보다 훨씬 더 거대한 행동의 동기다.

물론 야생에서 집단의 우두머리를 뽑을 때 힘의 우열을 가리는 싸움을 벌이는 것처럼, 시스템 안에는 경쟁처럼 보이는 행위가 존재한다. 그러나 그것은 경쟁이라기보다 경합에 가깝다. 경합 자체는 방식일 뿐, 인간 성장과 행동의 동기와 에너지가 되는 것은 아니다. 그렇다면 대체 무엇이 우리를 경쟁으로 내몰았을까. 누가 경쟁이 당연하다고 알려 주었을까. 경쟁은 오랜 시간 사회로부터 잘못 교육받은 결과라고 할 수 있다.

한 중학교의 체육시간. 아이들이 어수선하고 통솔이 어렵다. 이때 선생님이 외친다. “축구 골대 돌아오기 선착순 10명!” 10명 안에 들지 못하면 또 뛰어야 한다. 몇 번 반복하면 학생들은 대답 소리도 커지고 고분고분 복종하게 된다. 아주 어렸을 때의 기억이다. 담임 선생님은 반 학생을 3개의 조로 나누어 누가 크게 박수치나 경쟁을 시켰다. 박수치는 소리는 점점 커졌고, 어느 순간 모두 정신을 잃고 더 크게 박수를 치는 데에만 집중했다. 선생님이 왜 그걸 시켰는지는 기억나지 않지만, 뜬금없는 경쟁에 손바닥이 터져라 박수를 치고 힘이 쭉 빠졌던 기억만은 생생하다. 아마 수업 분위기가 안 좋았거나 어수선했기 때문이 아니었을까. 박수 경쟁 후에 결과적으로 선생님은 천방지축인 우리 반을 다시 쉽게 통솔할 수 있었다.

경쟁 강화는 통제와 지배의 도구 중 하나다. 관리인, 경영인, 자본가, 통치자라고 부르는 권력자들은 경쟁이 강화되는 것을 거부하지 않는다. 치열하게 경쟁해서 더 일하게 만들고, 서로의 경쟁에 빠져들어 자신들이 속한 생활 밖으로 시선이 돌아가는 것을 차단한다.

신자유주의 체제 안에서 노동 시장은 나날이 경쟁이 심화된다. 노동유연성이라는 부드러운 말은 “너희는 언제든 해고가 가능하고, 외인부대를 만들어 값싼 노동력으로 대체할 수 있다”는 뜻이다. 결국 세계 전체를 하나의 경쟁공간으로 만들어 나라와 나라, 기업과 기업, 노동자와 노동자가 범 지구 차원에서 경쟁하게 만들었다. 그들의 논리는 이것이다. “경쟁이 있어야 최선을 다하고 발전이 있다.”

무한경쟁 사회란, 사실 가난하고 힘없는 이들에게 적용된다. 힘 있는 사람들은 그들끼리의 담합하여 협력을 강화시키고 경쟁체제를 관리 감독할 뿐이다. 그들은 오직 가난한 이들에게만 보이지 않는 채찍질을 해댄다. 학교에서도 일터에서도 무조건 1등을 바라보며 밤낮으로 피땀 눈물 흘리게 한다.

지도자들은 "함께 더 큰 성장과 발전을 위하여 달려가자!"고 세상을 설득한다. 그런데 진정 세상은 그렇게 끝없이 발전할 수 있는 것일까. 저성장 사회로 진입한 세계 경제는 앞으로도 계속될 전망이고, 지구의 자원은 한정되어 있는데 말이다.

히말라야의 작은 나라 부탄은 국민총생산(GNP)이 아닌 국민총행복(GNH)을 국정 운영의 지표로 삼겠다고 천명했다. 물론 국민총행복 지수는 자국에서 설정한 것이어서 전 세계의 객관적 지표로 보기에는 한계가 있다. 그러나 인구가 100만 명도 되지 않는 작은 국가가 성장이나 발전이 아니라 '사람의 행복'을 최우선 가치로 삼겠다고 선언한 것은 매우 의미가 크다. 부탄의 수도 팀부에는 신호등이 없다. 처음부터 없었던 건 아니다. 도로에 신호등을 만들었지만, 불필요하다고 생각되었기 때문에 다시 없앴다. 또한 부탄은 의료와 교육이 전액 무상이다. 영아 사망률이 높고 의료 기술 수준이 떨어진다고 지적하는 사람도 있지만, 작은 나라가 지향하는 국가 정신만큼은 높이 사야할 부분이다.

또한 부탄은 자유 여행이 허락되지 않는 나라다. 한 해에 여행객 수가 제한되어 있고 반드시 부탄의 가이드와 여행사를 통해야 한다. 외국인들이 너무 많이 들어와 나라의 전통 문화와 자연을 헤치지 않을까 염려한 국가정책이다. 우리나라를 비롯해 더 많은 외국인 관광객을 유치하기 위해 이런저런 정책을 세우는 것과는 사뭇 다르다.

정책이란 결국, 사회가 추구하는 최종적인 가치가 무엇이냐에 따라 달라지는 것이니 말이다. 더 많은 물질적 부(副)가 더 많은 행복을 가져다줄까. 연구 결과에 따르면, 인간은 기본 욕구가 충족되면 소득이 계속 증가해도 행복감이 거기 비례하지 않는다고 한다. 어느 정도의 성공과 부는 행복에 도움이 되지만, 그것이 행복을 채우는 결정적인 단서는 아니라는 뜻이다.

경쟁을 뜻하는 영어 'Competition'은 어원상 '함께'를 의미하는 'Com'과 '청원한다', 또는 '추구한다'는 'Petition'이 결합된 말이다. 즉, 공동의 목표나 최선의 결론에 이르기까지 같이 모색해 가는 것이 경쟁의 본뜻이다. 약육강식, 적자생존이 경쟁의 본디 뜻이 아니다. 민주적 합의가 전제되어야 한다. 우리는 사회에서 다른 이를 밟고 올라서서 살아남는 생존의 기술을 배우기보다 함께 살아가고 함께 기뻐하는 사회를 지향해야 한다. 사람이건 공동체건 이 경쟁의 칼날이 스치는 곳에는 그동안 지켜온 아름다움이 사라진다.

전도서는 "노력과 성취는 경쟁에서 나온다"는 오늘의 현실을 그대로 반영하지만, 그것이 "바람을 잡으려는 것과 같이 헛되다"고 말한다. 진정한 노력과 성취는 경쟁이 아니라 자기를 구현하고 자신의 기쁨을 만들어내는 창조적 작업 속에서 나온다. 남들이 설정한 조건을 갖추기 위해 애쓰는 노력과 성취는 우리 자신을 속이는 것이다. 마음에서 기쁨이 넘치는 가운데 노력해서 이루는 결과들이야말로 진정 창의적인 성취다.

백인 아이들과 인디언 아이들이 시험을 치렀다. 백인 아이들의 반에 시험 준비를 하라고 했더니 일제히 가방을 책상에 올려 가운데 칸막이를 했다. 반면 인디언 아이들은 둥그렇게 모여앉아 시험 준비를 했다.

선생이 인디안 아이들에게 화를 내며 "너희는 지금 뭘하는 거냐"고 소리쳤다. 아이들은 답했다. "저희들은 어렸을 때부터 어려운 문제가 있을 때는 서로 협동해서 풀라고 배웠는데요."

그렇다. 백인의 시험은 고작 암기력 테스트에 불과하다. 그것은 인간이 가진 능력 중에 아주 작은 것에 불과하다. 반면 원주민들은 공동체의 문제를 어떻게 잘 풀어낼까 협력하는 방법, 서로를 신뢰하고 서로의 능력을 활용하는 관계를 배운다. 훨씬 고차원적인 교육이다. 암기력 테스트에 돈과 시간, 기울이는 열정을 생각하면 경쟁교육 시험은 한마디로 고비용, 저효율의 값싼 코미디이다.

서로 팀 토론을 하면서 아무런 경쟁의식 없이 서로 역할 분담하며 협력을 끌어낼 수 있다. 자기 주도적인 심층학습과 풍부하고 재미있는 학습이 가능하다. 그러나 잘못된 교육관을 가진 분들은 모두를 경쟁자로 만들고 모든 구성원을 일등에서 꼴찌까지 서열화하고, 석차를 매기고, 일제고사로 전체 학생을 줄 세우는 것이 가장 효율적인 교육이라고 착각한다.

한 모녀가 같이 탁구를 친다고 하자. 게임에서 이기는 게 최종적 목표인가, 운동을 즐기는 것이 목표인가. 10살 딸과 엄마가 탁구를 친다고 할 때, 엄마가 딸을 이기려고 깍고 돌려서 점수만 내면 같이 치는 딸은 영 재미가 없다. 서로 주고받는 랠리가 이어져야 재미있지 한두 번 오가지도 못하고 점수만 내주면 재미가 있겠는가. 엄마가 힘을 조금 빼고 딸과 보폭을 맞추어 탁구공을 함께 주고 받으면 경기에 이기는 것보다 훨씬 행복한 시간을 보낼 수 있다. 일시적으로는 경쟁이 생산성을 높일 수는 있지만, 게임에 참여하는 사람들이 정말 행복한가는 별개의 문제다. 행복하지 않은 사람에게 창의적이고 새로운 것이 나올 리 없다. 참 기쁨은 경쟁 대신 창조와 집중 속에서 나온다.

영성은 침묵 속에서 고요히 앉아 명상하고 기도하는 특별한 시간과 공간속에만 있는 게 아니다. 삶의 모든 순간, 제대로 바라보고 뿌리에 연결되어 있을 때, 우리는 깨어있을 수 있다. 노동 속에서도 우리는 충분히 충만한 영성을 훈련하고 그 기운 안에 머물 수 있다. 삶의 구조 자체가 변하는 것이다. 노동시간 이후에 여가를 통해 영적 성장이 되는 것이 아니라 노동시간 자체가 영적 성장이 되게 해야 한다.

미국의 심리학자 알피 콘(Alfie Kohn, 1957~)은 그의 저서 〈경쟁을 넘어서〉에서 "우리는 자신의 능력을 근본적으로 의심하기 때문에 경쟁을 하며 결국 낮은 자존감에 대해 보상을 하기 위해 경쟁한다"고 말한다. 자아존중감이 낮으면 내면은 불안하다. 그것을 메우기 위해 에고는 경쟁을 택한다. 사랑이 결핍된 사람, 또는 버림받은 느낌이나 열등감이 큰 사람은 경쟁을 통해 자신을 인정받으려 한다. 자신이 부족하다는 막연한 느낌 때문에 남보다 더 눈에 뜨이려 한다. '강자 동일시 심리'가 발동하는 것이다. 주어진 체제나 구조 안에서 최강자가 되거나 최강자에게 밀접하게 붙어서 특별한 관계가 됨으로 자기 존재를 인정받으려 한다. 온전히 사랑 안에 머물러 보지 못한 사람일수록 경쟁강박에 시달린다.

물고기가 물의 존재를 느끼지 못하듯, 경쟁 사회에 살아가는 인간도 경쟁이 당연하다는 잘못된 믿음 속에 젖어서 산다. 경쟁의 쳇바퀴에서 벗어난 사람들이 연대하고 함께 살아가야할 필요가 여기에 있다. 당연하지 않다는 걸 알고 다른 삶의 가치를 찾는 사람들이 많아질수록 곤고한 경쟁 신화는 더 빨리, 그리고 쉽게 무너질 수 있다. 스가랴서에서는 이런 사회를 그리고 있다.

나 만군의 주가 말한다. 그 날이 오면, 너희는 서로 자기 포도나무와 무화과 나무 아래로 이웃을 초대할 것이다. (스가랴 3:10)

구약성경에 여러 구절에서는 '그날을 맞이한 사회'에 대한 이상으로 "자기 포도나무와 무화과나무 아래서 먹고 사는 삶"을 제시한다. 어떤 그리스도인에게는 이런 묘사가 실망스러울 수도 있을 듯하다. 아니, 하나님의 나라가, 그리스도인이 꿈꾸는 삶이, 고작 자기 포도나무와 무화과나무 아래서 먹고 사는 것이란 말인가? 그런데 나이가 들면서 나는 이 구절이 달리 읽힌다. 먹고 사는 소박한 일상이 얼마나 소중한지 실감한다. 게다가 스가랴서에는 여기에 "이웃을 초청한다"는 이상이 첨가된다. 금상첨화다. 우리 사회에는 이런 일상이 파괴된 체 살아가는 사람이 얼마나 많은가. 그들 모두가 평범함을 회복하고 함께 먹고 사는 일상을 회복하는 게, 하나님 나라 그림의 한 조각이다.

〈작은 것이 아름답다〉의 저자인 독일의 경제학자 슈마허(Ernst Friedrich Schumacher 1911~1977)는 좋은 노동에 대해서 다음과 같이 정의했다.

첫째, 모든 신체기관이 동원되는 육체노동
둘째, 생산의 전 과정을 스스로 통제할 수 있는 노동
셋째, 이웃과 함께 하는 작은 규모의 일터에서 이루어지는 노동
넷째, 이윤 추구가 목적이 아니라 가족과 공동체의 실제 필요를 충족시키는 노동.

세탁기가 처음 생겼을 때, 사람들은 이제 빨래를 하던 시간에 책을

읽을 것이라 예상했다. 학교에 컴퓨터가 도입되었을 때에는 교사들이 결재서류를 들고 왔다 갔다 하는 잡무에서 벗어나리라고 생각했다. 그런데 최근 한 연구는 "인간이 누리는 여가는 기계의 증가와 반비례 한다"는 예상 밖의 결론을 발견했다. 기계의 증가는 인간의 노동력이 과거에 비해 20%미만으로 필요한 사회를 가져왔다. 여가는커녕 생존의 장에서 쫓겨나 먹이를 찾아 자신의 피를 말려야 하는 정리해고, 비정규직의 고통을 겪는 살벌한 사회가 된 것이다.

04

시편

민중의 노래, 예배의 노래

구약성서의 1/3은 시(詩)다. 구약성서에서 시가 전혀 포함되지 않은 책은 레위기, 룻기, 에스라, 느헤미야, 에스더, 학개, 말라기 7권 뿐이다. 시문(詩文)이 많은 까닭은 성서의 많은 책이 구전(口傳)으로 전해졌기 때문이다. 오랜 세월 이스라엘 민중 가운데 살아 있으려면 그것이 노래, 혹은 운율이 있는 시여야 했다. 시편은 구약성서의 대표적인 시문학이다. 모두 5권의 책 150편으로 구성되어 있다.

제1권 : 1-41편, 마무리 41:13

제2권 : 42-72편, 마무리 72:18-20

제3권 : 73-89편, 마무리 89:52

제4권 : 90-106편, 마무리 106:48

제5권 : 106-150편, 마무리 150편

그중 1편은 전체의 서론이고, 150편은 전체의 결론이다. 또한 각 책의 마지막은 영광송으로 끝난다. 시편을 5권으로 구성한 것은 기존의 오경과 짝을 맞추기 위해서다.

시편은 이스라엘 민족이 정기적으로 드린 예배 의식에서 쓰였다. 성전 축제나 전례 행사에 사용하는 예배 의식문과 개인적 고백, 기도문

등으로 구성되었다. 각각의 시에 붙여진 제목이나 부가된 상황설명은 시를 사용한 정확한 배경이라고 보기 어렵다. 대부분의 배경 설명은 다윗과 연관되지만, 실제 시편의 많은 부분이 수집, 편집된 시기는 즈루바벨의 제2성전시대인 325-250 B.C.이다. 그래서 종종 시편을 "제2성전 찬송가"라고도 부른다. 물론 시편에는 그보다 앞서 솔로몬이 지은 제1성전 시대로부터 온 시와 성전이 없던 포로기 시도 포함되어 있다.

시편의 구분

시편 연구에서 독일의 구약학자 궁켈(H. Gunkel, 1862~1932)의 업적은 중요하다. 그는 문학 단위의 유형, 양식을 찾아내고 이를 토대로 시편을 찬양시, 개인 탄원시, 개인 감사시, 공동체 탄원시, 제왕시 등의 5가지 중요한 장르로 구분하였다. 그 외에도 공동체 감사시, 순례자의 노래, 축복과 저주, 지혜시, 의식시, 혼합유형의 혼합시 등으로 구분하였다.

찬양시는 하나님은 누구시고 하나님께서 무엇을 하셨는가를 주된 주제로 한다. 애가라고도 부르는 탄원시에는 개인의 노래와 공동체의 노래가 있는데, 하나님의 통치권이 일시적으로 기울어진 상황을 전제한다. 감사시는 고통에서의 해방을 하나님께 감사하는 노래다.

찬양(찬미)시

찬양시는 2, 18, 20, 21, 68, 78, 105, 115, 135, 136편 등이 있다. 찬양시는 서론에서 예배를 요구하는 호소가, 본론에서 찬미의 동기가 언급된다. 전형적인 찬양시인 시편 136편으로 찬양시의 구조를 알아보자.

> 주님께 감사하여라. 그는 선하시며 그 인자하심이 영원하다.
>
> 모든 신들 가운데 가장 크신 하나님께 감사하여라. 그 인자하심이 영원하다.
>
> 모든 주 가운데 가장 크신 주님께 감사하여라. 그 인자하심이 영원하다(1–3절)

이 부분은 찬양시의 서론으로 '하나님을 찬양하라'는 명령으로 시작된다. 이어지는 본론에서는 찬미의 동기를 말하며 창조(4–9절), 출애굽 사건과 기적(10–15절), 땅과 왕국을 주심(16–22절), 개인적 감사(23–25절)등을 담는다.

> 홀로 큰 기적을 일으키신 분께 감사하여라. 그 인자하심이 영원하다.
>
> 지혜로 하늘을 만드신 분께 감사하여라. 그 인자하심이 영원하다.
>
> 물 위에 땅을 펴 놓으신 분께 감사하여라. 그 인자하심이 영원하다.
>
> 큰 빛들을 지으신 분께 감사하여라. 그 인자하심이 영원하다.
>
> 낮을 다스릴 해를 지으신 분께 감사하여라. 그 인자하심이 영원하다.
>
> 밤을 다스릴 달과 별을 지으신 분께 감사하여라. 그 인자하심이 영원하다.
>
> (4–9절, 창조의 주제)

> 이집트의 맏아들을 치신 분께 감사하여라. 그 인자하심이 영원하다.
>
> 이스라엘을 그들 가운데서 이끌어 내신 분께 감사하여라. 그 인자하심이 영원하다.
>
> 이스라엘을 강한 손과 펴신 팔로 이끌어 내신 분께 감사하여라. 그 인자하심이 영원하다.

홍해를 두 동강으로 가르신 분께 감사하여라. 그 인자하심이 영원하다.
이스라엘을 그 가운데로 지나가게 하신 분께 감사하여라. 그 인자하심이 영원하다.
바로와 그의 군대를 흔들어서 홍해에 집어 넣으신 분께 감사하여라.
그 인자하심이 영원하다. (10–15절, 출애굽의 주제)

자기 백성을 광야에서 인도하여 주신 분께 감사하여라. 그 인자하심이 영원하다.
큰 왕들을 치신 분께 감사하여라. 그 인자하심이 영원하다.
힘있는 왕들을 죽이신 분께 감사하여라. 그 인자하심이 영원하다.
아모리 왕 시혼을 죽이신 분께 감사하여라. 그 인자하심이 영원하다.
바산 왕 옥을 죽이신 분께 감사하여라. 그 인자하심이 영원하다.
그들의 땅을 유산으로 주신 분께 감사하여라. 그 인자하심이 영원하다.
그들의 땅을 자기의 종 이스라엘에게 유산으로 주신 분께 감사하여라.
그 인자하심이 영원하다. (16–22절, 땅과 왕국의 주제)

우리가 낮아졌을 때에, 우리를 기억하여 주신 분께 감사하여라. 그 인자하심이 영원하다.
우리를 원수들에게서 건져 주신 분께 감사하여라. 그 인자하심이 영원하다.
육신을 가진 모든 사람에게 먹을거리를 주시는 분께 감사하여라.
그 인자하심이 영원하다. (23–25절, 개인적 감사)

하늘에 계시는 하나님께 감사하여라. 그 인자하심이 영원하다(26절, 결론)

결론은 서론의 찬양을 반복하는데 생략되기도 한다. 시편에서 예배와 찬양의 주제는 이스라엘 민족에 역사하신 야훼 하나님의 해방사건이었다. 이스라엘 민족은 예배라는 공동체의 의식에서 자신들의 역사를 끊임없이 재생했다. 그들은 예배의식에서 이스라엘의 역사를 이끌어온 하나님의 은총을 기억하도록 교육하고 마음에 새겼다.

이는 전통적으로 신앙 공동체의 중요한 역할이기도 하다. 오늘날 우리의 예배도 그렇다. 혼자가 아니라 그리스도의 몸으로 함께 모인 교회는 역사 가운데 일하시는 하나님의 손길을 발견하고 기념해야 한다. 어쩌면 지금 한국 교회의 예배에서는 하나님의 해방 사건이 공동체의 이야기로 거론하기 거추장스러운 무언가가 되어버린 듯도 하다. 나는 한국 교회가 공동체로서 만난 하나님을 외면한다면 성경도 외면하는 것이다. 시편의 민족적 고백이 아주 오래전 이스라엘 민족의 문화로 그치지 않고 교회들이 '우리'로 함께 만난 하나님을 고백하고 기억하는 전통을 지켜야 성서적 예배가 될 것이다.

탄원(탄식)시

시편 10, 74, 79, 106, 137편 등은 공동체 탄원시이고, 3, 13, 22, 31, 54, 56, 102편 등은 개인 탄원시다. 탄원시는 어느 것이든 기근, 역병, 사회경제적 억압, 또는 군사적인 재난 등으로 인해 고통당하는 공동체가 탄식하며 희생 제사를 드릴 때 쓰이는 시이다. 공동체 탄원시가 관련 재앙에 대해 더 노골적이지만, 기본적으로는 개인 탄원시와 구조가 같다. 전형적인 탄식시인 44편을 예로 탄원시의 구조를 알아보자.

탄원시의 처음은 대개 하나님을 부르는 형식으로 시작한다.

하나님, 우리는 두 귀로 들었습니다. 그 옛날 우리 조상이 살던 그 때에, 하나님께서 해주신 그 일들을, 우리의 조상이 우리에게 낱낱이 일러주었습니다. 하나님께서 뭇 민족을 손수 몰아내시고, 우리 조상을 이 땅에 뿌리박게 하셨습니다. 여러 부족을 재앙으로 치시고, 우리 조상을 번창하게 하셨습니다. 우리 조상이 이 땅을 차지한 것은 그들의 칼로 차지한 것이 아니었습니다. 조상이 얻은 승리도 그들의 힘으로 얻은 것이 아니었습니다. 오직, 하나님의 오른손과 오른팔과 하나님의 얼굴빛이 이루어 주셨으니, 참으로 이것은 하나님께서 그들을 사랑하셨기 때문입니다. 주님이야말로 나의 왕, 나의 하나님이십니다. 야곱에게 승리를 안겨 주신 그 주님이십니다. 주님을 의지하였기에 우리는 우리의 적을 쳐부술 수 있었으며, 우리를 공격하여 오는 자들을 주의 이름으로 짓밟을 수 있었습니다. 내가 의지한 것은 활이 아닙니다. 나에게 승리를 안겨 준 것은 칼이 아닙니다. 오직 주님만이 우리로 하여금 적에게서 승리를 얻게 하셨으며, 우리를 미워하는 자들이 수치를 당하게 하셨기에, 우리는 언제나 우리 하나님만 자랑합니다. 주의 이름만 끊임없이 찬양합니다. 셀라. (1–8절)

탄원시의 두 번째 부분은 자신의 기울어진 현실에 대한 불평을 호소한다.

그러나 이제는 주께서 우리를 버리시고, 우리를 싫어하셔서, 우리 군대와 함께 출전하지 않으셨습니다. 주께서 우리를 적에게서 밀려나게 하시니, 우리를 미워하는 자들이 마음껏 우리를 약탈하였습니다. 주께서 우리를 잡아먹힐 양처럼 그들에게 넘겨주시고, 여러 민족 사이에 흩으셨습니다. 주께서 주의 백성을 헐값으로 파시니, 주의 군대가 얻을 이득이 아무것도 없습니다.

주께서 우리를 이웃의 조롱거리로 만드시고, 주위의 조롱과 웃음거리로 만드십니다. 주께서 우리를 뭇 민족의 이야기거리가 되게 하시고, 여러 부족의 조소거리가 되게 하십니다. 내가 받은 치욕이 온종일 나를 따라다니고, 부끄러워서 얼굴을 들 수조차 없습니다. 이 모든 것은 조롱하는 무리와 욕하는 자의 소리 때문입니다. 원수와 보복하는 자 때문입니다.(9-16절)

탄원시의 세 번째 구성은 하나님께 대한 자기 믿음을 고백하는 부분이다. 하나님께 실컷 불평을 늘어놓은 시인은 그래도 자신은 하나님의 신실하심을 믿는다고 고백한다.

이 모든 일이 우리에게 닥쳤으나, 우리는 주님을 잊지 않고, 주의 언약을 깨뜨리지 않았습니다. 우리의 마음이 다른 곳으로 등을 돌린 적도 없고, 우리의 발이 주의 길에서 벗어난 적도 없습니다. 그러나 주께서는 우리를 승냥이의 소굴에다 밀어 넣으시고, 죽음 같은 어둠으로 덮으셨습니다. 우리가 우리 하나님의 이름을 잊었거나, 우리의 두 손을 다른 신 앞에 펴 들고서 기도를 드렸다면, 마음의 비밀을 다 아시는 하나님께서 어찌 이런 일을 알아내지 못하셨겠습니까? 우리가 날마다 죽임을 당하며, 잡아먹힐 양과 같은 처지가 된 것은, 주님 때문입니다.(17-22절)

탄원시의 네 번째 구성은 시인이 하나님께 도움이나 용서를 얻기 위한 간청을 드리는 부분이다.

나의 주님, 깨어나십시오. 어찌하여 주무시고 계십니까? 깨어나셔서, 영원히 나를 버리지 말아 주십시오. 어찌하여 얼굴을 돌리십니까? 우리가 고난과

> 억압을 당하고 있음을, 어찌하여 잊으십니까? 아, 우리는 먼지 속에 파묻혀 있고, 우리의 몸은 땅바닥에 붙어 있습니다. 일어나십시오. 우리를 어서 도와주십시오. 주님의 신실하심으로, 우리를 구하여 주십시오. (23-26절)

탄원시의 마지막 구성은 하나님을 찬미하겠다는 서약으로 끝나게 되는데 이 부분은 흔히 생략된다. 여기서도 생략되었다. 종합적으로 위의 시편 44편을 기준으로 탄원시의 구조를 정리하면 다음과 같다.

1. 하나님을 부름/1-8절
2. 자신의 불평/9-16절
3. 하나님께 대한 자기 믿음 고백/17-22
4. 도움이나 용서를 얻기 위한 간청/23-26
5. 하나님을 찬미하겠다는 서약(흔히 생략)

탄원시 한 편을 읽어가노라면 주제가 개인의 문제든 공동체가 처한 역사적 문제든 하나의 잘 구성된 예배를 드리는 듯하다. 하나님을 부르는 부분은 오늘의 예배에서, 예배의 부름이나 입례송에 해당한다. 두 번째의 자신이 처한 딱한 사정과 불평들을 하나님께 퍼붓는 부분은 오늘의 예배로 보면 죄의 고백에 해당한다. 그 호소의 내용이 우리들의 마음 깊이 담겨있는 답답한 것들을 끌어내는 내용이라 그 말에 공감하는 동안 예배자의 가슴은 후련해진다. 그 다음 하나님께 대한 믿음과 신뢰의 마음을 간절히 호소하는 부분은 신앙고백이나 찬양에 해당한다. 이어서 하나님의 도우심과 용서를 비는 간절한 청원이 있게 되는데 이 부분은 오늘의 예배에 기도에 해당한다. 그리고 하나님을 찬양하겠다는 서약이 나타나고 아주 극적인 반전이 이루어져 하나님께서 나타나 직접 구원을 선포하시는 것으로 마무리 되는데 이 부분은 오늘의 예배에 용서의 선언, 구원의 선포에 해당한다.

44편은 이 구원 선포가 생략되어 있으나 앞부분에서 안타까운 상황을 애절하게 외치다가 갑자기 구원선포의 내용으로 바뀌는 분위기의 급반전이 이루어지기도 한다(시편 3:8, 시편 79:12-13등). 이러한 과정을 따라 가노라면 어느새 청중은 치유받고 새로운 용기를 가질 수 있다. 시 한수를 읽는 것으로 하나님을 만나고 자신의 문제를 해결 받는다. 나의 삶이 개입되어 극적인 치유와 반전이 이루어지는 멋진 예배를 경험할 수 있다.

감사시, 즉위시, 기타

감사시는 18, 30, 32, 34, 66, 67, 75, 92, 107, 116, 118, 124, 138 편 등이 있다. 이 시들은 하나님께 찬양과 감사를 올리는 시이다. 예배드리는 주체는 개인 또는 공동체인데 이들은 예배 의식을 통해 하나님께 찬미하며 영광을 돌린다. 감사시는 그 예배에서 쓰이는 시들이다.

즉위시는 실제로 왕의 즉위식에 사용되고 실연된 시라고 본다. 시편 8편은 왕의 대관식이나 연례적으로 왕의 즉위를 축하하는 경축행사와 관련되어 있다. 시편 45편은 왕의 결혼을 축하하는 축혼가이고, 101편은 야훼와 공동체의 충성을 다짐하는 '제왕 맹세시'인데 아마 왕이 즉위할 때 사용한 서약일 것이다. 즉위시는 2, 20, 21, 45, 72, 101, 110편 등이 있다.

그 밖에도 지혜시(1, 19, 37, 49, 73, 91, 112, 119, 127, 139편) 교훈시

(78, 105, 106편), 순례자의 노래(15, 24, 68, 132편) 등이 있다.

최종 형태로 보는 시편

시편을 한편 한편이 떨어진 단편으로 보지 않고 150개의 시들이 모두 묶여진 통일성 있는 한권의 책으로, 즉 성서의 최종형태, 지금의 모습대로 읽자는 주장도 있다. 성서의 각 전승이 수집, 편집 등 여러 단계를 거쳐 이어져 온 것이 인정되지만 그렇다고 각 자료들을 각기 별도의 역사적 시점으로 배정하여 자료를 구분해 나누려고 하지 않는다. 성서가 지금의 편집으로 모양을 갖춘 최종형태는 단지 우연에 의한 것이 아니라 거기에는 분명한 신학적 의도가 깔려있다고 본다. 그리고 그 최종형태가 주고자 하는 메시지에 주목하는 것이다.

박경철은 이러한 성서읽기를 주장하며, 최근 진행되는 최종형태의 메시지를 주시하는 성서읽기를 소개한다. 그는 시편의 유형구분이 분명하지 않다고 하며 하나의 시 안에도 탄식과 감사, 찬양의 유형이 함께 존재한다고 한다. 또한 시인이 단수와 복수의 혼합 형태로 나타나기에 개인 또는 공동체 탄원시의 구분 역시 확실치 않다고 한다. 그는 각기 다른 주제들을 가진 150편의 시들이 지금의 최종형태로 배열되고 엮어진 신학에 주목하여 전체 시편을 하나로 볼 것을 말한다.

시편 23편을 실례로 보자. 시편 23편의 끝은 "진실로, 주님의 선하심과 인자하심이 내가 사는 날 동안 나를 따르리니, 나는 주의 집에서 영원토록 살겠습니다"(6절)라며 시인이 여호와의 성전에 영원히 머물겠다고 다짐하며 맺는다. 그런데 그 뒤에 연이은 시 24편은 "누가 주의 산에 오를 수 있으며, 누가 그 거룩한 곳에 들어설 수 있느냐?"(3절)의 문제를 제기하고 그 답으로 "죄 없는 손과 깨끗한 마음을 가진 사람, 헛된 것에 뜻을 두지 않고, 거짓 맹세를 하지 않는 사람"(4절)이 전제가 됨을 밝힌다. 누가 야훼의 집에 머물 수 있는가 하는 주제는 시편과 예언서의 운문 부분에서 반복되는데 정의를 실천하는 사회 윤리적인 실천이 조건이 됨을 명백히 한다(참조 시편 15편과 이사야 33:14-16, 에스겔 18:5-9). 우리는 23편과 24편의 시를 별개의 시로 생각하고 서로의 연관성에 대해서는 생각지 않는다. 그러나 이렇게 시편 전체가 서로 연결된 것으로 보면 23편은 묻고 24편은 답을 준다. 시편 23편을 독립적으로 읽지 않고 최종형태 구성의 측면에서 뒤에 이어지는 24편과 함께 읽게되면, 사회윤리적인 실천행위가 야훼의 성전에 들어갈 수 있는 조건임이 보다 명백해 진다.[1)]

현재의 성서 각 권과 장절의 구분은 16세기에나 들어와서 편의상 임의로 붙인 것이지 본래 히브리 성서에는 이런 구분이 없다. 그저 이어지는 이야기들 일 뿐이다. 애인에게 사랑의 편지를 받는다면 그것을 통째로 읽어 전체의 뜻을 중시하지 장절로 나누면 부분적인 내용에 매몰되어 전체가 주는 뜻을 놓치기 쉽다. 실제 처음 장절을 나누었을 때 성경을 분절시켜 맥락을 곡해하게 만든다는 비판을 받기도 했다.

성서는 여러 단계의 편집이 있고 각 과정별로 성경읽기의 독특한 방법론이 있다. 가장 간단한 양식이 쓰여진 최초의 삶의 자리에 주목하는 읽기방법, 그 간단한 양식이 시대나 공동체의 상황에 따라 독특한 전승으로 변해가는 과정에 대한 연구, 각 자료를 한권의 책으로 편집한 사람의 의도를 중시하는 읽기, 각자 다른 책으로 돌아다니던 자료를 지금 우리가 보는 최종형태의 정경으로 엮은 사람들의 의도 등등 다양한 성

1) 박경철 외, "한권으로 읽는 시편", 『시편-우리영혼의 해부학』 2006, 한들출판사. p.11.

경읽기 방법론이 존재한다. 우리가 그중 어느 것은 맞고 어느 것은 틀리다고 말할 수 없다. 필자는 각각의 방법론은 그때 새로운 방법론이 출현하는 당대의 시대적 요청에 응답하는 것이라고 생각한다. 새로운 해석방법론이 등장하는 것은 그 시대에 새로운 해석이 요청되기 때문이다. 지나간 시대의 성경읽기 방법론으로는 자기들이 당면하는 상황에 답이 되지 않기에 해석자들은 자기 시대의 답을 얻기 위한 방법으로 마침내 새로운 성서읽기를 찾아낸다. 방법론에 따라 성서의 메시지가 달라지는 듯 보일는지도 모르겠다. 하지만 방법론이란 '당대에 하나님의 말씀이 어떤 답을 줄 것인가'라는 치열한 질문에 대한 길이다. 이 길은 그 시대 인간의 물음에 성서가 주는 진짜 답을 찾기 위해 몸부림친 결과로 찾은 통로다. 따라서 새로운 성서읽기의 방법론은 각각의 시대의 요청에 응답하는 방식이다. '오늘 우리시대에는 어떤 메시지가 필요한가', '무엇이 인간을 해방시키는 하나님의 구원의 메시지인가.'를 치열하게 묻는 사람에게는 그 과정에서 적합한 방법론도 나올 것이다.

민중의 노래

시편에는 원수를 향한 강한 적개심과 그들을 짓뭉개 달라는 호소가 곳곳에서 불쑥불쑥 튀어나온다. 아름다운 시편을 읽다가 저주와 복수의 표현이 나오면 분위기가 긴장될 때도 있다. 적나라하게 적개심을 나타내는 표현이 민망하기도 하다. 어째서 시편에는 잔인한 보복을 이렇게 자주 언급할까. 시편 기자의 원수란 도대체 누구이기에 이렇게까지 강렬한 호소를 하는 것일까.

시편 기자를 괴롭히는 원수는 아무 이유도 없이 그를 죽이려 함정을 파는 불량배다. 그는 황소나 사자처럼 포악하며 남의 재산을 가로채고 독사의 혀와 같이 날카로운 혀로 속이고 모략한다. 시인은 하나님께서 침묵을 깨뜨리시고 위기에 처한 시인을 구해 주시기를 기도한다. 시인은 하나님께서 공정한 재판을 하셔서 악인을 벌하시기를 간구한다.

시편 기자는 하나님께서 자신을 버렸다고 느끼기도 한다. 저자의 신음 소리를 듣지 않으시며, 돕지 않으신다고 생각한다. 저자는 벌레 취급받으며, 사람들의 조롱거리가 되어 죽음의 진토에서 신음한다. 그는 하나님께서 빨리 오셔서 악인의 손에서 건져 주시고, 원수와 싸워 주시기를 기대한다. 하나님께서 "나는 네 구원이라"고 확언하여 주기를 기도한다.

시편 안에는 의로운 하나님의 백성들에게 가해진 압제, 불의, 고통 등이 전제되어 있다. 성서학자 두움(B. Duhm)은 시편 전체의 연대를 1–2세기 B.C 마카비 시대로 늦추어 잡는다. 경건한 유대인들에게 핍박이 가장 심했던 희랍시대를 배경으로 보는 것이다. 안티오커스 에피파네스와 같은 최고의 폭군들에게 죽임을 당하고 빼앗기고 거지가 되는 박해 상황이 시편의 배경이라고 본다. 시편이 생성된 구체적 연대가 확실치는 않지만 분명한 것은 시편의 저자가 거짓 송사, 무너진 재판, 조롱과 죽을 지경에까지 이르는 박해, 그리고 불행에 대한 표현들이 신랄하다. 시인은 자신이 냉혹하고 불경건한 압제자들의 희생물이라고 여기며 그에게 가장 절박한 문제는 원수, 적대자로 표현되는 상대와의 갈등이다. 이것은 그들이 처한 박해와 억압의 상황, 구체적으로 그들을 위협해 오는 상대, 원수들의 현실적인 억압때문이다. 그 절박성을 간과하게 되면 이는 민중의 고통을 추상화하는 것이다.

그들이 처한 상황에서 가장 절실한 구원의 메시지는 그들을 옥죄어

오는 원수들을 제어하는 일이다. 민중은 그들의 한(恨)의 발설을 통하여 그 고통의 뿌리가 치유되기를 바란다. 시편에 자주 언급되는 원수와의 갈등은 부유한 자의 착취와 불의한 통치자의 압제에 맞서는 민중의 외침이다. 또한 시편 기자는 질병과 고통으로부터 구원해 주실 것을 호소하고 그것이 원수 때문이라고 한다. 이것 역시 가난과 영양부족, 열악한 생활 조건으로 오는 압박감등이 민중을 질병으로 몰고 가는 상황을 나타낸다(38, 41, 88편). 심지어는 '바벨론 강가에서(By the Rivers of the Babylon)라는 서정적인 팝송으로 우리에게 많이 알려진 시편 137편 마저도 그 끝부분은 아주 잔인하고 민망한 주문으로 끝난다.

우리가 바빌론의 강변 곳곳에 앉아서
시온을 생각하면서 울었다.
그 강변 버드나무 가지에
우리의 수금을 걸어 두었더니
우리를 사로잡아 온 자들이
거기에서 우리에게 노래를 청하고
우리를 짓밟아 끌고 온 자들이
저희들 흥을 돋우어 주기를 요구하며
시온의 노래 한 가락을
저희들을 위해 불러 보라고 하는구나.
우리가 어찌 이방 땅에서
주님의 노래를 부를 수 있으랴
…

주님, 예루살렘이 무너지던 그 날에
에돔 사람이 하던 말
"헐어 버려라, 헐어 버려라.
그 기초가 드러나도록 헐어 버려라" 하던
그 말을 기억하여 주십시오.

멸망할 바빌론 도성아,
네가 우리에게 입힌 해를
그대로 너에게 되갚는 사람에게
복이 있을 것이다.
네 어린 아이들을
바위에다가 메어치는 사람에게
복이 있을 것이다(시 137편).

이러한 구절들은 시편 기자의 잔인함과 편협성을 나타내는 말이 결코 아니다. 고난의 삶을 살아온, 힘이 약해 당할 수밖에 없었던 민족의 한(恨)의 표현이다. 시편에 이런 표현이 없었다면, 약한 자들의 목소리, 억울함이 함께 제거되었을 것이다. 복수와 저주의 표현은 그들, 억압당한 자들의 애환의 기록이다.

또한 시편 전체에 흐르는 하나님은 어떤 분인지 살펴보자. 시편 113편은 하나님에 대해서 구체적으로 노래한다.

주 우리 하나님과 같은 이가 어디에 있으랴?
높은 곳에 계시지만 스스로 낮추셔서,

하늘과 땅을 두루 살피시고,

가난한 사람을 티끌에서 일으키시며

궁핍한 사람을 거름더미에서 들어 올리셔서,

귀한 이들과 한자리에 앉게 하시며

백성의 귀한 이들과 함께 앉게 하시고,

아이를 낳지 못하는 여인조차도

한 집에서 떳떳하게 살게 하시며,

많은 아이들을 거느리고 즐거워하는

어머니가 되게 하신다. 할렐루야(시편 113편)

약하고 가난한 사람들은 먼지와 티끌 속에서 호흡하고 거름더미에서 먹을 것이나 쓸 수 있는 물건이 있을까 뒤진다. 거름더미는 가난한 사람들이 추위를 피할 수 있는 곳이기도 하다. 하나님은 인간들의 욕심으로 공평치 못한 상황을 만들고도 이를 정당화 시키는 제도를 참지 못하신다. 아이를 낳지 못해 부당한 대우를 받는 여인의 아픔을 이해하신다. 그러기에 하나님 자신이 인간 속으로 들어오셔서 이러한 부조리와 모순을 시정하시고 먼지 또는 티끌 속에 살고 있는 가난한 자의 신분을 고쳐주신다. 하나님은 인간 사회에 있는 불공평한 사회 제도를 바꾸어서, 이 약하고 가난한 사람들을 높이 들어 귀인들의 자리에 앉혀 주신다. 이것은 하나님의 인권존중의 사상이요, 하나님의 사랑이다. 하나님은 이 세상을 공평과 균등의 원리가 통하는 사회로 만드신다.[2)]

하나님께서 자기 자신을 스스로 낮추신 이유는 약한 자들의 편에 서시기 위함이다. 당시 고대 근동지역의 다른 신들은 높고 귀한 찬사와

2) 김정준, 『시편명상』1987, 한국신학연구소, p.352

대접을 받고 싶은 존재였다. 이방신들은 자기를 격하시키는 것에 보복하고, 자신을 무시하는 인간에게 엄한 벌을 내렸다. 그런데 야훼 하나님은 하늘과 땅 위에 높이 계시는 분이지만(4절) 자기를 낮추신다. 가난하고 궁핍한 자, 억울함을 당하는 자를 높여서 불공평한 사회제도를 고치고자 함이다. 여기서 가난한 자를 뜻하는 히브리어는 엡욘(ebyon), 아니(ani), 달(dal)인데 "달"은 물질적인 빈곤뿐만이 아니고 아무 의지할 데 없는 약자를 뜻한다.[3] 시편 기자는 하나님께서 반드시 불의한 세력을 심판하시고, 억압받는 민중을 구원하실 것이라는 신념을 가지고 있다. 노래에서 묘사한 하나님의 모습에 보듯, 시편은 억압받는 사람들의 해방노래이며, 가난한 사람들의 희망노래이고, 민중의 구원을 갈망하는 노래이다.

예배의 노래

궁켈의 탁월한 제자인 구약학자 모빙켈(S. Mowinckel. 1884~1965)은 시편이 제의, 특히 새해를 열 때 행하는 야훼의 대관식 축제와 관련이 있음을 밝혔다. 심지어 개인 탄원시도 공동의 제의의 예식에서 사용하기 위한 작품이라고 설명한다. 시편은 개인의 작품이 아니라 제의나 예배의식의 토대 위에서 생겨났다는 것이다. 시편전체의 결론인 150편은 하나님 앞에서 춤추고 소리 지르며 찬양하라고 노래한다. 엄숙하고 경건한 예배와는 판이하게 떠들썩하고 시끄러운 연주와 춤이 곁들여진 예배 광경이다.

3) Ibid., p.351

할렐루야. 주님의 성소에서 하나님을 찬양하여라.

하늘 웅장한 창공에서 찬양하여라.

주님이 위대한 일을 하셨으니,

주님을 찬양하여라.

주님은 더없이 위대하시니,

주님을 찬양하여라.

나팔 소리를 울리면서 주님을 찬양하고,

거문고와 수금을 타면서 주님을 찬양하여라.

소구치며 춤추면서 주님을 찬양하고,

현금을 뜯고 피리 불면서 주님을 찬양하여라.

오묘한 소리 나는 제금을 치면서 주님을 찬양하고,

큰소리 나는 제금을 치면서 주님을 찬양하여라.

숨쉬는 사람마다 주님을 찬양하여라. 할렐루야. (시편 150편)

여기서 사용되는 악기들은 모두 우리 악기로 번역해 놓았지만 사실은 히브리 고유의 악기들, 쇼파르(트럼펫, 나팔), 네벨(하프, 거문고), 키누르(수금), 토프(소구), 미님(현금), 오가브(피리), 칠르츨레(제금)이다. 그들은 그들의 문화로 하나님을 찬양했다. 그러면 우리들이 히브리 악기와 그들의 말을 배워 찬양해야 하는가? 아니다. 우리는 우리의 문화로 우리의 언어로 찬양해야 진솔하고 절실한 우리의 마음과 정서를 하나님 앞에 내어 놓을 수 있다. 그러나 처음 우리에게 기독교를 전래한 서양 선교사들은 우리 문화에 대한 이해가 부족했다. 그들은 우리 문화를 미개하거나 조악한 것으로 판단하고 극복할 대상이라 여겼다. 그래서 그들이 손쉽게 할 수 있는 서양식 악기와 서양식 문화를 기독교 문화로 우리에게 가르쳤고 정작 우리 문화는 잡신의 문화나, 저급한 문화로 타도할 것을 요구하였다.

예배와 문화

'예배(禮拜)'라는 단어에 해당하는 히브리어는 '샤카(shachah)'와 '아바드(abadh)'인데 '샤카'는 발에 입을 맞춘다, 엎드려 절하다 또는 경배하다라는 뜻이고 '아바드'는 섬기다 또는 봉사하다(service)라는 뜻이다. 이를 유교의 예(禮)와 불교의 배(拜)란 말을 합성해 번역했다. 이런 종교 행위를 순 우리말로 번역한다면 가장 가까운 단어는 '굿'이다. 히브리 민족의 예배는 다양한 악기와 춤을 동원한 떠들썩한 축제였다. 분위기도 우리의 굿에 가까울 것이다. 우리민족은 신명나는 일을 굿이라 했다. 마을 굿, 대동 굿, 판 굿, 굿판을 벌인다. 모두 신나는 마을의 축제를 말한다. 가락에도 "굿 내는 가락"이 있다. 신명을 불러오는 가락을 말한다. 우리는 야훼의 신명을 우리의 예배에 덧입히면 된다.

시편에서 묘사하는 예배는 떠들썩한 축제다. 번제물이 흘린 피의 냄새가 공간에 가득 퍼졌고 춤과 노래, 인간이 할 수 있는 모든 문화적인 도구들이 동원되어 한층 분위기를 고조시켰다. 예배가 오늘날과 같이 엄숙한 틀로 고정된 것은 중세 때로 보인다. 엄숙미와 장엄미를 강조하는 예배는 웅장한 교회 건물이 필수였다. 하늘을 찌를 듯한 높은 천장과 장의자에 앉은 다수의 회중, 스테인드 글라스 등으로 장식된 예배당은 공간의 거대함으로 사람을 압도했다. 이들 성전은 당대 최고의 예술이기도 했다. 사람을 압도하는 공간의 엄숙함 만큼 당대의 권력가들, 성직자의 힘도 강화되었다. 회중은 그 권력 밖의 존재였고 단지 관객으로 앉아있어야 했다. 알지도 못하는 언어로 된 성서를 들으며 성직자들이 집례하는 의식에 단지 구경꾼처럼 참여하거나 제한된 성찬에 참여할 뿐이었다.

이런 전례는 서구사회가 식민지를 확장해 나감에 따라 예배의 전형이 되어 널리 전파되었다. 제국주의 국가는 피점령국의 고유한 문화를 미신, 혹은 타도해야 될 대상으로 여겼다. 피 점령국의 문화가 자기들의 예배의 전형 속으로 끼어들어오는 것을 금기로 삼았다. 그 배경에는 제국, 점령국의 오만함이 스며있다. 기독교문화는 민족 고유의 역사와 문화를 말살하며 토착문화와의 전쟁을 시도하였다. 건축, 음악 뿐 아니라 예배 방식, 사람들의 생각도 획일화했다. 피점령국의 전통문화는 이교도 문화로 정죄 받았다. 각자가 발전시켜온 민족의 고유한 문화는 사라지고, 자기의 것을 멸시하는 편견도 함께 이식했다. 점령당한 세계는 서구 문화를 반복하는 앵무새 천지가 되었으며 문화제국주의의 희생물이 되었다.

예배란, 이 땅에서 살아가는 민족의 삶, 민중의 삶이 예식으로 올려질 때 비로소 의미가 있다. 그들만의 가슴에서 우러나오는 의식이어야 하며 그들의 진솔한 삶이 드러나는 예배여야 한다. 자신의 진정성이 드러나지 않는 의식은 가치가 없다. 뜻도 모르고 자신들의 삶도 아니며, 자기 문제도 자기 문화도 아닌 것을 단지 신의 명령으로 우격다짐으로 집어넣는 예배가 어찌 신명나고 정성스러운 예배가 될 수 있겠는가? 자기들의 정치, 경제, 문화 속에 자신 만의 얼이 있고 자기들의 영성이 생기는 것이다. 그러나 우리들이 드리는 예배는 어떠한가?

서양식 건물, 평신도들은 뜻도 모를 문자들이 새겨 있는 서양식 집기, 선교사들이 전해 준 예배의 틀, 그 예배에 쓰이는 노래, 악기는 물론 정신까지도 모두가 서양식이다. 우리의 것은 사라지고 남의 것들만 남아서 아직까지도 한국 교회의 모든 문화를 지배한다.

우리의 예배를 만들어가려면 우리 문화를 통해 우리의 영성을 담아보려는 노력을 기울여야 한다. 예배의 주체들이 한국 사람들이라면 그들이 비록 서양 문명에 길들여졌다고 하더라도 그 핏속에 고유한 문화적 전통이 잠재하고 있을 것이다. 그들의 마음만 열린다면 서양식의 예배보다도 우리 전통의 예배가 편안하고 신명나는 예배가 될 것이다. 지금은 이미 서양 것에 길들여져 우리 것이 더 낯설고 어색할지도 모르겠다. 이미 서구의 것이 더 편하고 익숙한 기독교인에게 단지 "우리 전통문화를 살리자"는 당위를 외치는 게 아니다. 인간의 집단 무의식이란 상상할 수 없을 정도로 깊고 크다. 민족의 문화에는 그 민족의 얼과 정신이 깃들어있다. 그 깊은 자리를 떠나 다른 문화의 옷을 입고서는 우리 얼안에 깊이 잠재한 에너지를 한껏 끌어내기 어렵다. 변화에 자신을 열어 소통하는 한 편 더 깊은 이해, 그리고 그것을 기반으로 접점을 만들어가는 노력이 필요하다.

혹자는 우리의 문화와 지금 행해지는 서양식 예배가 만나는 접점을 어떻게 가져야 하는가를 염려한다. 무조건 우리의 것을 무시해도 안되지만 무조건 우리의 것이니 해야 한다는 당위만으로도 안된다. 예배는 공동체가 드리는 것이다. 필자는 우리의 예배가 치우쳐 있다는 것을 인식하고 점차 우리의 문화로 나아가고자 하는 변화를 갖되 예배를 드리는 공동체가 기쁨을 가지고 자연스럽게 받아들일 수 있는 것이 기준이 되어야 한다. 예배에서 새롭게 시도하는 것은 우리가 영성을 찾고 회복하는데 도움이 되어야 앞으로 나아갈 수 있다. 그러기 위해서는 우리 문화에 대한 깊은 이해가 있어야 되고 그것이 자연스러운 표현이 될 수 있도록 몸으로 수련해야 한다.

예배와 사건-성서 시대의 예배 원형

본래 구약시대의 예배가 드려지는 곳은 역사적 사건과 관계있는 장소였다. 하나님과 만났거나 하나님의 위대한 해방 사건이 일어난 현장이다, 북 왕국의 성전이 선 곳은 야곱에게 복을 내려주신 곳에 돌베개로 단을 쌓고 제사를 드린 곳이며, 남 왕국의 성전이 선 곳은 하나님의 재앙이 멈춘 곳인 아라우나의 타작마당이다. 이런 곳에 그 사건을 기념하는 성전이 세워지고 예배가 시작되었다. 의미있는 사건이 발생한 곳은 기념할 만한 장소가 된다. 야곱은 평범한 장소에서 꿈을 꾸었으나, 깨고 나서는 그 곳을 "두려운 곳이며, 하나님의 집이며, 하늘의 문"이라고 외쳤다. 구약에 나오는 모든 유명한 예배처소들은 이러한 사건과 연결되어 있다.

구약시대의 유명한 제의적 축제들 역시 하나님의 해방사건을 기념하는 절기들이다. 히브리들이 이집트를 탈출하는 것을 기념하는 절기는 유월절, 해방절이고 이스라엘을 광야에서 인도하신 사건을 기념하는 것이 초막절, 장막절이다. 신약의 예배도 예수그리스도의 부활사건, 그의 구원사건과 관계 맺고 있으며 공관복음에는 예수의 십자가 사건을 기념하여 성만찬이 행해졌다. 이것은 전례화된 성찬으로 발전했다. 반면 요한복음의 성찬은 오병이어 사건이 배경이 된다. 이것은 함께 음식을 나누는 성찬예식의 근거가 되었다.

예배는 무엇인가? 예배는 하나님의 해방사건, 예수 그리스도의 구원(해방)사건을 극으로, 이야기로, 상징으로, 즉 그들의 문화적 도구-시,

노래, 춤, 연주, 제사를 통해 현재화하는 것이다. 거기서 예배 참여자들은 하나님의 임재를 맛보고 예수 그리스도의 현존을 느끼게 된다.

예배는 하나님 나라에서 이루어질 잔치를 미리 앞당기는 축제이며 종말론적 사건이다. 신약시대 이후 기독교의 예배는 예수 그리스도의 삶과 성령강림 사건에 집약되었다. 그래서 기독교의 절기들은 예수의 나심, 현현, 죽으심, 부활, 재림, 성령강림 등의 교회력을 따라 예배가 진행된다. 여기서 예수의 나심과 죽으심은 과거 사건을 기념하는 것이고 그의 부활, 재림, 성령강림 등은 미래 사건과 연관을 가진다. 예수 그리스도의 해방사건이 일어나는 예배는 지난 이야기를 반복하는 과거에 일어났던 사건을 기념하는 데에만 있지 않다. 하나님 안에 있는 미래의 세계를 내다보고 그 나라에 대한 희망을 가지며 동시에 미래에 이루어질 사건을 현재화하는 축제이다.

예배는 해석학적 순환의 사건이다. 우리가 과거 현재 미래 이렇게 시간을 구분하지만 이것은 관념이나 개념의 세계 안에 있는 구분에 불과하다. 사실 우리의 경험 안에는 이런 모든 것이 통합되어 있다. 우리는 성서의 출애굽 사건을 말하면서 동시에 우리들 앞에 전개될 미래의 출애굽을 생각하고, 예수그리스도의 십자가를 말할 때도 그것은 동시에 우리들이 앞으로 짊어져야할 우리들의 십자가이기도 하다. 우리는 지나간 성서의 해방사건을 재현하면서 미래에 우리들의 해방을 꿈꾸고 동시에 오늘 우리의 해방사건으로 연결해 나간다. 해방신학은 이것을 "해석학적인 순환"이라고 하는데 바로 이것이 과거의 사건을 반복하는 예배가 갖는 기능이요 과거의 말씀이 오늘과 내일의 해방 사건으로 연결되는 신비이다. 과거의 사건을 기념하는 것은 오늘 그와 유사한 사건들로 재현되어야할 당위성을 가지고 오늘, 현재를 견인하는 힘을 가진다. 그것이 단지 지나간 과거의 이야기로만 되었을 때 우리는 지나간 화석을 예배하는 것이요, 기억과 관념으로만 해방을 즐기는 것이다. 우리의 삶 안에서 모든 것이 해석학적인 통합을 이루어야 참다운 예배가 될 수 있다.

생각할 문제

도대체 예배의 본질은 무엇일까? 개신교 예배는 설교의 비중이 높지만 한 사람의 모노드라마와 다수의 관객으로 이루어지는 예배는 참된 예배가 아니다. 참다운 예배는 공동체적이어야 한다. 나 혼자만이 드리는 감사가 아니라 주변의 모든 이웃이 함께 평안하게 될 때라야 우리는 비로소 감사와 찬양을 드릴 수 있다. 주변에 재난을 당하거나 불편함을 입은 사람을 두고 어찌 혼자만 감사하겠는가? 어떤 재난 중에 혼자 살아나오게 된 것을 감사하는 예배는 예배가 아니며 그런 기도는 기도가 아니다. 이웃과 더불어 감사할 수 있어야 비로소 참다운 예배는 가능하고 우리 모두는 거룩함을 입게 된다. 그런 세상을 만들어 가려는 노력을 포기하고, 세상과 담 쌓고 드리는 예배는 자기만족을 하나님으로 삼는 이기적인 예배이며, 거룩함이 결여된 죽은 예배이다. 그러므로 우리의 예배는 항상 미래에 대한 꿈을 담고 있어야 한다. 우리가 꿈꾸어야 할 미래, 우리사회가 나아갈 청사진에 대해서 각자의 삶의 자리에서 상상력을 발휘하여 이야기해 보자.

자유인들의 정치경제[4)]

전 세계에서 신자유주의 체제의 한계가 드러나고 있다. 미국의 트럼프, 일본의 아베, 필리핀의 두테르트, 영국의 브랙시트, 프랑스의 새로운 선택 마크롱 등 모두 예사롭지 않은 정치개벽이 일어나고 있는데 이것의 공통점은 기존의 어떤 정치 세력도 신뢰하지 않는 선택이다.

전 세계적인 이런 이상 정치기류는 경제적 양극화에 대한 반란이다. 미국의 정치학자 로버트 A. 다알(Roert A. Dahl)은 『경제민주주의』*A preface to Economic Democracy*, 1986)에서 "사회, 경제의 심각한 불평등은 시민들을 적대적인 양극단의 진영으로 분열시키고 민주주의에 대한 신념을 약화시킨다. 양극화 현상은 빈민층 지도자들이 권력을 장악하게 하거나 아니면 역으로 그들을 축출하고 독재를 지지하게 된다."고 한다.(송태경 "로버트 A. 다알의 경제민주주의에 대한 평가", 프레시안 기고문 중에서 인용)

우리나라의 촛불혁명도 마찬가지이나 다행인 것은 다른 나라들의 선택이 민주주의에 반하는 극우, 또는 우파적인 선택이라면 우리나라는 더 이상 극우일 수 없는 박근혜 정권의 몰락으로 새로운 선택의 기회가 왔다. 촛불혁명으로 인한 정권교체는 단지 A라는 지배그룹이 B라는 지배그룹으로 바뀌는 것이 아니다. 촛불혁명에 의해서 변화의 토대가 마련되고 정권교체가 이루어졌다. 더 이상 정치인들이 자기들끼리의 리그로 진행될 수 없는 토대에서 판갈이가 되었다. 문재인 정부는 이런 토대를 확실하게 인식해야 한다. 민생을 살리는 근본적 개혁이 아

---

4) 이 설교는 문재인 정부가 구성되는 무렵에 우리가 당면한 경제문제와 남과 북, 각각의 체제가 가진 경제 모순을 살펴보고 대안적인 정치경제, 제3의 체제에 대한 큰 그림을 그려본 것이다. 페북에 연재로 올렸었다.

니고선 머지않아 다시 민의 저항에 직면할 수 있다. 지금 출발은 좋은 편이나 끝까지 민생을 파탄 낸 적폐구조를 확실하게 개선해 나가야 할 것이다.

한국자본가들의 오류

한국자본가들의 오류를 크게 두 가지만 살펴보자

첫째, 이들은 판매부진의 늪에서 벗어나와야 한다고 떠들면서도 끊임없이 지불할 수 있는 능력을 가진 유효수요를 감축시키는 정책을 써왔다. 거대한 수요를 형성하는 노동계급이 반실업 또는 완전실업상태이고 노동자들의 임금이 하락하는 상황에서 어떻게 판매가 늘어날 수 있겠나? 그들은 한쪽으로는 수요를 줄이는 정책을 폭력으로 강제하면서 다른 쪽으로는 경기를 성장시키고 판매를 활성화해야한다고 외친다. 수출로 돌파구를 찾기도 힘들다. 세계 모든 나라들이 다 유사한 경쟁상황에 있기 때문이다.

역대 정부들이 자본가들의 욕심에 부합한 정책을 취해왔다. 그러면서도 기업에게 투자를 늘리고 일자리를 늘리라고 말하지만 판매 부족으로 경기가 돌아가지 않는데 어떻게 기업이 투자를 늘리며 일자리를 늘리겠는가? 정부가 기업에 요구한 것은 이율배반이며 빛 좋은 개살구이다. 국민의 눈을 의식해 립서비스하는 것에 불과하다. 기업은 정부와 합작해서 늘어난 이익을 사내유보금으로만 쌓아왔지 전혀 나라 경제에 도움이 되는 쪽으로 풀지 않았다. 기업에 돈이 들어가면 그대로 적체되어 경기부진을 스스로 유발해왔다. 그들은 난관을 넘어야 한다고 말하지만 실제로는 판매부진 현상을 부추기고 있다. 기업과 국가가 국민의 주머니를 쥐어짜낼 궁리만 하는데 도대체 어디서 구매력이 생기겠나?

문재인 정부가 일자리를 늘리는 정책을 최우선 과제로 삼고 추진하는 것은 현재의 문제를 돌파해보려는 정책으로 보인다. 야당이 일자리는 기업에 맡겨야지 세금으로 일자리를 늘린다고 비난하지만 이제까지 자기들이 한 모순을 보지 못하는 비판이다. 그렇게 해서 기업이 일자리를 늘렸나? 공무원을 늘리는 것은 걱정되는 부분이기도 하다. 매년 들어가는 비용이 자칫하면 재정부담이 될 수 있고 공무원 증가로 정부 조직이 거대해지고 관료사회로 나아가는 최악의 우려도 가능하다. 그러나 고위직 공무원을 늘리는 것이 아니라 소방관, 경찰관 등 국민의 생명과 안전을 돌보는 서비스직 공무원을 늘리겠다는 것이니 우리가 안전사회, 복지사회로 나아가기 위한 필요 단계이다. 이를 경제부양과 더불어 하겠다는 것이니 지금으로서는 모순 타계를 위해 당장 취해봄직한 정책이리라.

두 번째 모순은 노동자들이 최고의 노동을 낼 수 있는 조건을 만들어야 하는데 지금의 노동은 너무나 착취적이고 폭력적이다. 자기 자신을 망가뜨리도록 노동을 강요하는 것은 앞으로 국가 경제에 큰 활력을 상실하는 것이다.

건물을 임대했는데 사용자가 건물을 마구잡이로 훼손한다면 용납할 수 없는 일이다. 노동자 역시 자기가 소유한 노동력이라는 상품을 자본가에게 임대한 것이다. 그런데 그것을 사용하는 사람이 노동력의 주체를 훼손하고 망가지게 하거나 가치를 하락시키는 것을 용납해서는 안된다. 우리의 노동은 생명의 재생산을 더욱 풍요롭게 해나갈 수 있는 조건이어야 한다. 우리의 상품을 마구잡이로 훼손하는 해고와 비정규직화 등에 우리는 저항하고 우리의 생명을 가장 풍성하게 재생산 할 수 있는 구조를 만들어야 한다.

우리는 노동자라는 말조차 빼앗겨 버렸다. 노동이라는 것은 숭고하고 거룩한 이상이 담겨져 있는 말이다. 그런데 이를 근면하게 노동하는 사람이라는 뜻의 근로자(勤勞者)라고 부른다. 이것은 노동자를 단지 일하는 기계로 삼겠다는 이야기이다. 게다가 이와 상대되는 역할을 하는 사람을 사용자(使用者)라고 부른다. 사람이 물건인가? 사용하는 대상인가? 소모품인가? 이런 용어는 노동자를 단지 일하는 도구로, 계약직 노예로 여기겠다는 속셈이다. 그렇잖아도 임금을 받고 노동하는 사람은 그 계약조건 아래서 자신의 노동력을 타인에게 의탁하게 마련인데 계약 조건과 무관하게 수시로 전화하고 휴일에도 불러내는 것은 노예화하자는 것이다.

최저임금인 시급을 일만원으로 상향하는 것도 시급한 문제이다. 그러나 이것을 중소기업이나 자영업자들의 책임으로만 시행하고자 하면 상당한 부담이 될 터이니 영세한 고용의 주체들도 함께 지원하는 방안도 더불어 실시되어야 할 것이다.

신자유주의 경제의 모순

기계문명이 발달하면서 우리는 기대를 걸었다. 인간의 노동시간이 단축되면 여가를 즐기며 편리한 생활을 할 수 있을 것이라 여겼다. 그런데 이 순진한 생각은 이루어지지 않았고 심각한 위기에 처하게 되었다. 여기에는 중대한 사실이 간과되어 있다. 기계도입이 인간 생활을 편리하게 만들려면 그 기계에 대한 주도권을 노동자가 가지고 있어야 가능하다. 10시간 일할 것을 새로운 기계의 도입으로 5시간만 일해도 된다면 당연히 노동자는 5시간은 쉴 수 있으리라 생각했다. 이것은 기계나 설비에 대한 주도권을 노동자가 가지고 있을 때 가능한 것이다.

그런데 현실은 어떠한가? 이 주도권을 자본가가 가지고 있다. 그러면 공장에 새로운 기계가 들어오고 이젠 노동시간이 절반으로 가능하게 되었다면 자본가는 어떻게 하겠는가? 당연히 남아도는 절반의 노동자는 잘라낼 것이다.

이것이 신자유주의적 해결방법이다. 대량해고와 구조조정이 필수적으로 뒤따른다. 감봉이나 해고가 뒤따른다. 이것은 소유한 사람과 일하는 사람이 나누어져 있기 때문에 오는 모순이다. 자본가가 주도권을 쥐는 경우 그들은 최대 이윤을 위해 필요 없는 인원을 유지할 필요는 없다. 그러기 때문에 성장이 되더라도 '고용 없는 성장'이 이루어진다.

그러나 자본가는 노동시간이 반으로 줄면 실제로 그 이상의 인력을 해고한다. 그리고 일에 차질이 생길 수 있으므로 언제나 필요한 노동력을 보충할 수 있는 '노동시장 유연화'가 필수적이다. 실제로 이러한 제도가 악용되어 필요이상 잘라내고 정작 필요한 사람은 언제든지 즉시 내칠 수도 있는 임시직 노동자로 보충하고 있다. 그래서 신자유주의 초기에 20대 80의 사회를 말했다. 실제로 핵심적인 20%의 노동자만이 필요하다는 것이다. 나머지 80%는 잘라내고 20%가 흘리는 찌꺼기로 먹고 살라는 것인데 얼마전에는 10대 90의 사회를 말하더니 요즈음은 필요한 인력을 전부 로봇으로 대체하겠다고 협박하는 자본가도 나타나고 있다. 이것이 남쪽이 취하는 신자유주의 경제체제의 모순이다.

인간의 편리를 위해 고안된 기계가 주인을 내쫓고 죽이는 물건이 되었다. 그렇다고 기계가 문제있는 것은 아니다. 기계와 설비를 운용하는 인간이 서로 어떤 관계를 맺느냐하는 것이 문제이다. 인간의 제도는 얼마든지 모순이 드러날 경우 스스로 합리적으로 바꾸어 갈 수 있다. 문제는 누가 주도권을 가지느냐 하는 것인데, 이렇게 자본가의 입장에만 서서 그들이 효율적으로 더 큰 자본을 형성해 갈 수 있는 조건을 만들어 주는 것이 미국식 신자유주의 경제이며 지금 남쪽이 가지는 경제적 모순이다.

사회주의 경제의 모순

한반도 북쪽에서 취하고 있는 사회주의 경제에는 어떤 모순이 있는가? 사회주의, 공산주의는 노동자를 모든 생산수단의 주인으로 하고, 노동자의 권력을 관철하기 위해 일시에 혁명을 한다. 무력에 의해 강제로 플로레타리아(무산자)의 독재를 실시하여 사회의 모순을 완전하게 해결하기까지 중간적 역할을 감당하자는 것이다. 여기서 국가는 완전한 노동자의 통제가 이루어지기 까지 그것을 강제하는 수단이 되며, 그때까지 국가가 한시적으로 필요하다고 한다.

그러나 한시적이라는 국가는 갈수록 비대해졌다. 사회주의는 생산수단을 국유화하였기에 자연히 관료조직이 확대될 수밖에 없다. 국가소유로 되어있는 생산과정이 열개라면 이것을 통제하는 관리도 그에 비례해서 둘 수밖에 없다. 그런데 생산과정은 팽창하는 속성이 있어 이에 따라 관리도 함께 늘어나고 국가의 기구도 비대하게 된다. 결국은 관료, 국가가 자본가를 대신해서 노동자를 통제하는 모순관계를 낳게 된다. 사회주의 국가에서는 자본가 대신 국가 관료가 그 자리에 들어가게 된 것이다.

지금은 어떤지 모르지만 중국에서 자동차 접촉사고가 나면 서로 조용히 전화기를 꺼내서 각자 연이 있는 관료에게 전화를 한다고 한다. 소위 끝발있는 관료와 연결된 사람이 분쟁에서 승리자가 된다는 것이다. 중국에서 사업을 하려면 관료와 선이 없으면 힘들다고도 하며 중국

내에서도 부정부패로 몸살을 겪고 있다.

사회주의 붕괴의 또 다른 이유는 생산력 저하를 들 수 있다. 자본주의 경제에서는 이미 해놓은 기계 설비가 아직 쓸 만하더라도, 새로운 성능의 기계가 나오면 이를 바꾸지 않을 수 없다. 경쟁에서 뒤지지 않으려면 자본가는 울며 겨자 먹기 식으로 최신의 설비 투자를 서두를 수밖에 없다. 하지만 그 결과로 생산력은 아주 높아진다. 그러나 사회주의는 국가가 모든 것을 통제하여 경쟁이 없으므로 쓸 수 있는 기계나 설비를 억지로 바꿀 필요성이 적어진다. 사회적 낭비는 줄어들지만 생산력은 저하된다. 바로 이러한 생산력저하와 관료주의가 사회주의가 붕괴하게 된 주요한 이유이다.

노동자들이 주도권을 가지려면?

사회주의 경제의 핵심은 노동자가 주도권을 행사하는 것인데 그 길은 험란하다. 강제적 체제전환 과정에서 기득권자와 혁명을 하려는 자들 간에 목숨을 건 긴장이 야기된다. 우리 사회는 해방 후에 이러한 갈등으로 수백만 명이 목숨을 잃기도 했으며 아직도 그러한 아픔은 분단의 상처로 남아 있다. 죽기 아니면 살기를 요구하는 방식으로는 평화에 도달할 수 없다는 것이 우리의 역사 경험이다.

IMF 경제위기 때 노조에서는 노동시간을 감축하자는 대안을 제시했다. 노동시간을 줄이는 대신 정리해고를 하지 말라는 것이다. 노동시간이 줄고 대신 휴가가 늘면 임금도 줄겠지만 생활비 성격의 임금을 급격히 줄일 수는 없다. 그래서 IMF에 덜미가 잡힌 상태에서 국가와 자본이 선택할 수밖에 없었던 것은 신자유주의 정책이었다. 여기저기 구조조정, 정리해고, 대량실업, 비정규직 양산, 노동유연성의 곡소리가 났고 겨우 국가 부도 사태는 넘겼으나 그 상처는 혹독했다. 신자유주의 정책에서 국가의 역할은 최소화된다. 시장에 모든 것을 맡기고 되도록 간섭하지 않는 것이 좋다고 한다. 국가의 복지정책 마저도 시장경제를 방해하는 요인으로 생각한다. 여기저기 피흘리고 죽어가는데 치료도 하지말고 돌보지도 말라는 것이다. IMF가 요구한 경제 시스템은 김대중, 노무현정부로 이어지면서 민생은 더욱 어렵게 되었다. 결국은 이명박이라는 망나니에게 정권을 내어주게 되었으며 이런 추세는 이명박, 박근혜로 이어지며 한층 심화되었다.

대통령 후보로도 나왔던 유한킴벌리의 문국현 사장은 IMF 경제위기 이후 한명도 정리해고를 하지 않고 오히려 고용을 늘일 만큼 성공한 기업가이다. 문 사장은 노동시간을 감축하여 4일간 일하고 하루는 교육을 하는 방법으로 노동의 질을 높였다. 4조 2교대 제도도 실시했다. 그래서 오히려 남들이 정리해고 할 때 고용을 늘려갔다. 새로운 일자리를 만들어 함께 가는 모범적인 사례였다. 그러나 근본적인 대안이 되지는 못한다. 유한킴벌리의 경우는 자본가의 열린 마음과 노동자의 이해가 서로 조화를 이루어 가능했지만 본래의 구조적 모순은 여전하다. 근본적인 문제해결인 소유관계는 하나도 손을 대지 못했기에 구조적으로 불안한 조화였다. 유한 킴벌리 사례는 단지 개별 사안에 불과하지 대안적 경제의 사례가 될만하지는 않았기에 그의 신당은 반짝 효과에 그치고 말았다.

보다 근본적인 대안이 되는 것은 종업원지주제와 같이 노동하는 주체가 동시에 기업을 소유하는 주체가 되는 것이다. 그리고 소유한 지분만큼 경영과 인사에 참여할 경우 자본주의의 시장 경제를 통해서 노동자가 기업의 주도권을 가지는 경쟁에 참여할 수 있다. 이 때 국가의 역할은 매우 중요하다. 일하는 사람들이 점차적으로 기업을 소유해 나가고 자신들의 주권을 행사할 수 있도록 정책적으로 도와야 한다. 그렇게 되면 혁명적인 생산관계가 이루어진다. 자본주의도 아니고 사회주의도 아니고 두 체제의 장점만을 가진 제3의 체제로 나아갈 수 있다.

이런 모범적인 예는 스페인의 몬드라곤 공동체등에서 볼 수 있다. 이들은 일하는 사람들이 집단으로 소유하는 노동자 협동조합을 만들었고 노동금고를 설립하여 모든 일하는 사람이 기업을 소유한 협동조합 체제로 전환해 나갔다. 일하는 사람들이 기업의 소유주체가 되어 생산에 참여하는 한편 그들 자신이 기계와 설비, 자본을 통제해 나가는 체제를 성공적으로 운영하고 있다. 독일이나 스웨덴 식의 사회민주주의 방식도 이와 비슷한 형태이다.

지금 서울시 등에서 장려하는 협동조합 운동이 기업의 소유구조로 확대되어 대안적 생산구조로 발전하길 바란다. 그러나 협동조합식의 운영이 되더라도 의결의 권한을 갖는 출자자와 일하는 노동자가 분리된다면 이 역시 지금 주식회사가 갖는 모순에서 나아가지 못하게 될 것이다.

한동안 노조운동으로 경영권 참여를 주장한 적이 있다. 그러나 기계나 설비 투자를 한 자본가는 자기 소유에 대해서 처분하거나 사용할 수 있는 독점적 권리를 갖는다. 그것이 소유의 권리이다. 내 지갑을 사용하는 권리를 내가 가지듯이 경영은 소유에 대한 권리라고 볼 수 있다.

우리나라 재벌은 불과 2-3%의 소유지분으로 기업 전체를 지배하는 기형적인 체제이다. 자본주의 경제로 보아도 매우 기형적이고 폭력적인 독재, 독점적 경제구조이다. 이번 정부에 경제 사령탑으로 임명된 장하성, 김상조 두 분은 대안적인 경제를 이끌 구상을 가진 분들은 아니지만 이런 기형적 재벌구조를 손보고 경제민주화를 실현해갈 적임자라고 생각한다.

경영을 소유의 권리라고 보면 아무것도 소유하지 않은 노동자가 경영에 참여하겠다는 것은 근거가 부족하다. 그것은 단지 낭만적인 구호만으로 그치기 쉽다. 그러나 노동자들이 공동소유형태의 협동조합으로 자신들이 소유한 만큼 경영이나 인사의 권리를 요구하는 것은 당연하다. 그렇게 함으로써 노동자는 합법적이고 정당한 권리로 이사나 감사를 내어 경영이나 인사에 참여할 수 있게 된다. 점차적으로 노동자의 소유지분을 늘려가면서 늘어난 만큼 자연스럽게 그 참여의 폭도 증가시켜 결국 기업의 주도권을 행사할 수 있게 한다면 노동자 모두가 주인도 되고 동시에 자기가 소유한 기업에서 일하는 사회를 만들 수 있다.

지금의 재벌기업은 족벌체제이다. 자기 족벌들끼리 이사나 감사 등을 폐쇄적으로 운영하고 있으므로 그 안에서 수많은 비리를 획책해도 노동자는 그 정보조차 알 수가 없다. 변칙적으로 자기 자식에게 수천억의 회사지분을 불법 증여해도, 매번 그래왔고 이번 박근혜 사건에서 드러났듯이 수백억씩 빼돌려 정치권에 로비를 하고 회사 돈이 비합법적인 경로로 마구 새어나가도 노동자는 알 수가 없다. 그 손해는 고스란히 노동자와 주주들이 보게 된다. 그러나 만약 5%정도만이라도 노동자들이 공동소유기금을 보유할 수 있다면 20명 중에 한사람의 이사를 세울 수 있을 것이다. 그 정도만 되더라도 기업은 투명해질 수밖에 없다. 더 이상 자기들끼리 주물럭거리고 부정과 비리를 뒤꽁무니에서 범할 수는 없다.

이렇게 해서 모든 기업에서 노동자가 완전한 소유자가 될 수 있다면 노사분규가 왜 필요하겠는가? 이것은 자본주의도 아니고 사회주의도 아니고 제3의 체제로 나아가는 혁명적인 경제체제가 될 것이다. 그렇게 된다면 노동자들 스스로 노동시간을 늘이고 줄이는 결정이 자유롭게 된다. 그리고 매년 노사갈등으로 일어나는 사회적 갈등비용이 생기지 않는다. 해마다 현대자동차에서 벌어지는 임금협상에서 밀고 당기는 동안 1조원 이상의 손실이 발생하는 것이 우리들의 현실이다.

경기, 산업 순환현상

자본주의 경제는 자신의 이윤추구 욕망을 통제할 아무런 제도적 장치를 가지고 있지 않다. 수요가 늘어나는 경제성장기에는 저마다 생산을 늘려나가는 경쟁을 한다. 새로운 기계를 도입하고 고용을 증대한다. 임금도 상승하고 최고의 호황을 누린다. 경쟁에서 이기려고 투자가 늘어나고 투기적 양상이 나타난다. 이때는 물건을 찍어 내는 대로 팔려나간다. 기업은 쾌재를 부르며 자본을 축적한다. 그러나 호황기의 끝은 누적된 자본들이 몰려다니며 투기를 일으킨다. 그것은 호황기가 막바지에 이르렀다는 것을 말해준다.

이렇게 통제되지 않는 경쟁은 필연적으로 과잉생산을 일으킨다. 과잉생산이 되어 상품 소비가 둔화하면 호황기에 투자했던 것들이 오히려 큰 짐이 된다. 투자의 규모가 클수록 불황의 충격은 커진다. 호황의 결과로 투자한 것들은 한낱 처치 곤란한 골치덩어리가 되기 일쑤이다. 계속해서 실업이 늘고 공장 가동은 중단되며 부도나고 도산하는 기업이 속출한다. 마침내 공황기로 들어간다. 이러한 사이클이 경기순환곡선이다.

그림으로는 단지 매끈한 하나의 곡선이지만 이 곡선의 하강 과정에는 수많은 사람의 피울음소리가 들려오게 된다. 기업을 살리려고 몸부림치지만 결국 파산하고 많은 사람들에게 피해를 입는다. 한 기업이 도산하면 고소고발 사건이 난무하고 줄 파산이 일어나며 연쇄적으로 목숨까지도 스스로 끊는 일이 발생한다. 모아 놓았던 자본으로 사놓았던 땅이나 주식은 헐값이 된다. 결국 모든 것을 다 잃고 부도, 도산, 구속, 가정 파탄, 자살로 이어지는 최악의 상황들이 펼쳐진다.

그러나 일하는 사람들이 집단 소유체제로 가면 이런 현상들을 예상하고 조정할 수 있다. 호황기에는 스스로 노동시간을 늘리고 불황기에는 노동시간을 감축하여 생산을 조절한다. 생산자들은 집단적 예측으로 경기순환곡선을 완만하게 하고 그 충격을 흡수할 수 있다. 과잉생산이 되고 재고가 쌓이면 노동시간을 줄여 여가를 활용한다. 여가의 시간으로는 노동자의 삶의 질도 높이고 재교육을 통해 생산성도 높이는 사람 중심의 경제를 만들어 갈 수 있다.

송태경은 그의 저서 『산업순환현상』에서 경기순환현상은 '자본 그 자체의 가치증식'에 원인이 있다고 한다. 그는 경기순환의 국면을 좀 더 세밀히 구분해 회복기, 번영기, 이상팽창과 투기기, 과잉생산기, 상업공황기, 화폐핍박기, 산업공황기, 불황기 등으로 나누며 이제까지 '공황'이라는 하나의 용어만 사용해온 것을 세분해서 상업공황, 화폐공황, 산업공황, 신용공황, 금융공황 등을 개념적으로 구별하고 이런 공황이 경기순환에서 계기적으로 발생하게 된다고 보았다. 또한 경기순환의 각 단계에서 국가는 어떤 정책을 취해야 하는지도 제시하고 있다.[5)]

5) 송태경, 『산업순환현상』, 도서출판 자유인, 1995

제 3의 체제를 향하여

IMF 경제위기 때 우리나라 기업의 가치는 형편없게 떨어졌다. 그때 우리나라의 모든 기업의 가치를 합하면 미국의 맥도널드 정도의 가치뿐이 되지 않는다고 했다. 그래서 신용이 막히고 부도나고 파산하는 기업들이 즐비했다. 국가에서 막대한 공적자금을 투여했다. 채권을 발행하고 화폐를 찍어내 이들을 지원했다. 그러나 그때 각종 부실과 비리로 기업을 망쳐 온 기업주들에게 국민의 세금인 공적자금을 들이 부었다. 나라의 경제구조를 바꾸어 갈 수 있는 절호의 기회였는데 다시 그 모순적인 구조를 되살려 주었다. 만약 국가가 의지를 가지고 공적기금을 노동자들이 공동으로 소유해 나가는 기금으로 지원했더라면 그래서 나중에 노동자들이 정부에 갚도록 하는 방식을 취했더라면 우리나라는 전세계에 모범적이고 이상적인 구조를 갖는 건강하고 부강한 나라가 되었을 것이다.

지금이라도 국가가 매년 예산의 일정부분을 노동자의 소유를 늘려가는 쪽으로 지원하고 노동자 자신도 스스로 임금의 5%이건 10%이건 일정 지분을 공동소유 형태의 기금으로 만들어 간다면 얼마 지나지 않아서 이러한 꿈이 현실이 될 것이다. 일하는 사람 모두가 동시에 기업의 주인이 되면 민(民)이 주인이 되는 참다운 민주주의의 나라가 될 것이다. 국가는 불필요한 세금이나 각부서의 여유자금을 기업 형태의 전환을 지원하는 기금으로 만들어 간다면, 많은 기업들이 이렇게 보상의 방법을 통해서 합법적으로 그리고 시장경제를 통해서 형태전환을 시도해 나갈 수 있다.

IMF 경제위기 때, 도산 위기에 처해 헐값에 넘어가는 기업들을 노동자들이 나서서 인수하기도 했다. 그 때 종업원이 기업을 인수하여 상당한 기업들이 형태전환을 시도했다. 경제 위기지만 하나님께서 주신 경제 재편의 기회라고 생각했다. 그러나 국가부도사태의 위기에서 빠져나오는 데에 급급했지 근본적인 문제에는 접근하지 못했다. 국가의 경제규모는 늘어났지만 국민의 살림살이는 더욱 어려워져 다시 보수정권에 자리를 내주었다. 그 때 국가권력이 의지를 가지고 우리사회의 생산관계의 변화를 의지적으로 시도해 나갔다면 하는 아쉬움이 크다. 국가 위기와 함께 민주적인 정부가 들어섰고 경제를 잘아는 준비된 대통령이 있었는데도 말이다. 그렇게 되었다면 FTA로 인한 사회적 갈등과 지금의 서민경제의 몰락으로 정부가 당하는 어려움 등을 겪지 않고 세계적 모범사례가 되었을 것이다. 그러나 앞으로라도 이렇게 소유와 노동이 분리되지 않는 경제구조를 만들어 간다면 우리 사회의 가장 근본적이고 심각한 적대적 관계, 모순 관계가 해소되어 관료와 군사조직도 최소화할 수 있을 것이다.

자본주의 생산양식에도 변화가 생겼다. 처음에는 자본가 개인이 사재를 축적하는 양식에서 주식회사의 형태로 발전하였다. 주식회사의 형태는 공동의 투자로 세워진 공적기업이다. 이것은 자본가 개인이 소유하는 방식에 비해서는 매우 민주적이다. 그러나 단지 소유주가 다변화되었고 집단이라는 것뿐이지 여전히 소유와 노동이 분리된 상태이다.

이런 변화가 이미 실시하고 있는 우리 사주와는 어떻게 다른가? 우리사주는 노동자가 주식의 일부를 가지고 있고 노동임금에다가 주주로서의 이익을 동시에 얻는다는 것뿐이지 집단적으로 노동자의 권리를 행사할 아무런 힘도 가지지 못한다. 개별화된 주식소유자는 아무 힘도 발휘하지 못한다. 중요한 것은 노동자의 입장에서 그들의 권한을 행사하고 통제하는 것이다. 그들의 지분만큼 경영과 인사의 권리를 갖는 것이 노사관계 변화의 핵심이다. 노조가 매년 임금투쟁과 복지시설을 챙기는 정도에서 벗어나 이렇게 소유관계를 바꾸어가고 집단으로 소유의 권한을 행사해 나가는 쪽으로 그 운동을 전환할 필요가 있다. 노조가 제아무리 목소리를 높이더라도 체제가 바뀌지 않는 한 우격다짐으로 인사권, 경영권, 감사권을 가져 올 수는 없다. 부분적으로 이루어진다고 하더라도 극히 제한된 한계 안에서 가능하게 될 것이다.

노동자가 집단으로 소유의 권리를 행사한다면 그들의 의사는 어떻게 집약해 내고, 노동자들이 전문성이 부족하여 어떻게 기업을 운영할 수 있겠는가하고 의문을 가지기도 한다. 지금 우리는 외국인이 기업을 인수할 경우 외자 유치라고 해서 각종 특혜를 베풀지만 종업원이 인수할 경우 별 도움을 주지 않는다. 심지어는 융자 혜택도 꺼린다. 전문 경영능력이 없다는 이유에서이다. 그것은 간단하다. 노동자들이 자신의 이익을 대변할 수 있는 전문 경영인을 고용하면 된다. 궁극적으로는 관리나 전문 경영인이나 단순한 노동을 하는 노동자이거나 모두가 주인으로 참여하는 공동소유의 관계로 기업의 생산관계가 바뀌는 것이기에 누가 누구를 고용하고 말고 하는 낡은 틀도 사라지게 된다.

우리는 어디로 달릴지도 모르는 위험한 신자유주의의 말을 타고 확신에 차서 마구 달려가는데 그 곳은 아니고 이리로 가야한다고 외칠 방향이 설정되어 있지 않다. 우리 경제의 목표가 없고 대안이 없기 때문에 FTA가 매우 위험해 보여 반대하긴 해도 마땅한 대안이 없는 것이 딜레마이다. FTA반대가 반대를 위한 반대로 비춰지기도 한다. 지금은 우리가 대안의 논의를 시작해야 할 때이다, 이번이 아니면 다음 다음에 이루어지더라도 지금 신자유주의적인 방식으로는 앞이 보이지 않는다.

우리들은 이중수탈 아래에 있다. 아직까지도 관료의 부정부패로 인한 수탈이 존재한다. 국제기구가 평가하는 국가의 청렴도는 매우 낮은 수준이다. 또한 자본의 수탈은 날로 그 정도를 더해가고 있다. 점점 더 소득의 양극화는 심해지고 소수의 주머니는 늘어나지만 국민의 주머니는 오히려 시간이 갈수록 줄어드는 형상이니 이것이야말로 재난 상태 아니겠는가? 경제가 잘 풀려도 서민에게는 소망이 없다. 이런 것들을 해소하려면 생산관계의 변화가 근본적으로 이루어져야한다. 일하는 사람들이 그 기업의 주인인 상태, 이것은 사회주의가 도달 못한 것이고 또한 자본주의가 도달 못한 새로운 생산관계의 출현이 될 것이다. 이것은 우리의 미래의 기틀이 열리는 것이며 새 하늘 새 땅이 우리 앞에 펼쳐지는 것이다.

> 나는, 현재 우리가 겪는 고난은, 장차 우리에게 나타날 영광에 견주면, 아무것도 아니라고 생각합니다. 피조물은 하나님의 자녀들이 나타나기를 간절히 기다리고 있습니다. 피조물이 허무에 굴복했지만, 그것은 자의로 그렇게 된 것이 아니라, 굴복하게 하신 그분이 그렇게 하신 것입니다. 그러나 소망은 남아 있습니다. 그것은 곧 피조물도 사멸의 종살이에서 해방되어서, 하나님의 자녀가 누릴 영광된 자유를 얻는다는 것입니다. (로마서 8:18–21)

05
아가서
몸, 사랑, 성에 대한 노래

아가서(雅歌書). 이름 그대로 풀이하자면 '아름다운 노래'다. 히브리어 제목은 '노래 중에 노래'(song of songs)란 뜻의 '쉬르 하쉬림'이다. 아가서는 사랑의 시문으로 대담하고 아슬아슬한 몸의 표현을 담고 있다. 사랑하는 연인의 솔직하고 거침없는 감정이 그대로 표현된 이 책이 정경으로 포함된 이유에 관해서 논쟁들이 있었다. 아가서는 전례용 다섯 두루마리(아가·룻기·애가·전도서·에스더)의 첫 번째에 자리잡고 있으며 이스라엘의 유월절 축제 때 사용되었다.

아가서에는 솔로몬의 이름이 여섯 번 언급된다.(1:6, 3:7, 9, 11, 8:11-12). 그러나 이 역시 구약의 다른 책들처럼 하나의 문학적 관습에 불과하다. 아가서의 저자를 솔로몬이라고 보기는 어렵다.

아가서는 솔로몬 시대(961-922 B.C)보다 훨씬 후대인 포로시절 이후에 유대인들의 일상용어가 된 아람어가 섞여있고, 페르시아어인 정원(Pardes 4:12)이나 희랍어인 가마(appirjon 3:9)등 외래어도 등장한다. 아람어는 450-300 B.C.경 팔레스타인 지방 농부들의 방언으로 널리 퍼졌다. 또한 아가서 1장과 2장에는 소박한 시골여인의 사랑을 그린

부분도 있다. 1, 2장의 화자는 양을 치는 여성으로 "내가 햇볕에 그을렸다고 나를 깔보지 말아라. 오빠들의 포도원을 돌보느라 이렇게 된 것이다"라고 당당하게 말한다. 포도원, 밭일 하는 시골 여인 등을 화려한 왕국의 솔로몬과 연결시키기란 쉽지 않다. 아가서는 결혼식에서 불렀거나 연인간의 사랑을 담은 노래들이 수세기에 걸쳐 모여 5세기 이후에 편집된 것으로 추정된다.

사랑의 노래들인 만큼, 아가서는 남녀 간의 사랑을 그대로 드러낸 대목이 많다. 남녀의 몸에 관한 노골적인 표현이나 애정을 나누는 과정에 대한 묘사가 많다. 하물며 들, 숲, 포도원, 밭 등은 여성의 몸을 상징하며, 산, 언덕, 망대 등은 젖가슴을, 문, 어머니의 집, 어머니의 방, 석류, 샘, 우물 등은 여성의 은밀한 부분을 상징하는 표상들이다. "귀한 집 딸아, 신을 신은 너의 발이 어찌 그리도 예쁘냐? 너의 살 오른 넓적다리는…"(7:1 이하) 등 여성의 발부터 넓적다리, 배꼽, 젖가슴 등 자세한 신체 묘사를 거침없이 해나간다. 사랑의 과정에 대한 묘사도 상징적이지만 적나라하다.

> 오 나의 사랑,
> 나를 기쁘게 하는 여인아,
> 그대는 어찌 그리도 아리땁고 고운가?
> 그대의 늘씬한 몸매는 종려나무 같고,
> 그대의 가슴은 그 열매 송이 같구나.
>
> "이 종려나무에 올라가 가지들을 휘 잡아야지."
> 그대의 가슴은 포도송이,

그대의 코에서 풍기는 향내는 능금 냄새,
그대의 입은 가장 맛 좋은 포도주.

(여자)
잇몸과 입술을 거쳐서
부드럽게 흘러내리는 이 포도주를
임에게 드려야지.

나는 임의 것,
임이 그리워하는 사람은 나.
임이여, 가요.
우리 함께 들로 나가요.
나무 숲 속에서 함께 밤을 보내요.
이른 아침에 포도원으로 함께 가요.
포도 움이 돋았는지,
꽃이 피었는지,
석류꽃이 피었는지,
함께 보러 가요.
거기에서 나의 사랑을 임에게 드리겠어요.
자귀나무가 향기를 내뿜어요.
문을 열고 들어오면 온갖 열매 다 있어요.
햇것도 해묵은 것도,
임이여, 내가 임께 드리려고
고이 아껴 둔 것들이라오.

(여자)

아, 임께서
어머니 젖을 함께 빨던
나의 오라버니라면,
내가 밖에서 임을 만나 입맞추어도
아무도 나를 천하게 보지 않으련만,
우리 어머니 집으로
그대를 이끌어 들이고,
내가 태어난 어머니의 방으로 데리고 가서,
향기로운 술,
나의 석류즙을 드리련만.
임께서 왼팔로는 나의 머리를 고이시고,
오른팔로는 나를 안아 주시네.
예루살렘의 아가씨들아,
우리가 마음껏 사랑하기까지는 제발,
흔들지도 말고
깨우지도 말아 다오.

(친구들)

사랑하는 이에게 몸을 기대고,
벌판에서 이리로 오는
저 여인은 누구인가?

(여자)

사과나무 아래에서 잠든 임을
내가 깨워 드렸지요.
임의 어머니가
거기에서 임을 낳았고,
임을 낳느라고
거기에서 산고를 겪으셨다오.
도장 새기듯,
임의 마음에 나를 새기세요.
도장 새기듯,
임의 팔에 나를 새기세요(7:6–8:6).
아, 나는 벌써 옷을 벗었는데,
다시 입어야 하나?
발도 씻었는데,
다시 흙을 묻혀야 하나?
사랑하는 이가 문 틈으로 손을 들이밀 때에,
아, 설레이는 나의 마음.
사랑하는 이를 맞아들이려고
벌떡 일어나서
몰약에 젖은 손으로,
몰약의 즙이 뚝뚝 듣는 손가락으로
문빗장을 잡았지.
사랑하는 이를 맞아들이려고
문을 열었지…(5:3–6)

아가서에 대한 다양한 해석들

거룩한 종교의 영역에 들어서기에는 낯설기만 한 책이기에 경전에서 제외될 위기도 여러번 당했고 그 해석 또한 분분하다. 아가서 해석에는 다양한 견해들이 존재한다. 이 책이 경전으로 자리 잡은 것은 어쩌면 신비일지도 모른다. 물론 솔로몬이라는 이스라엘 민족의 위대한 왕이 아가서의 권위에 힘을 실어 주었음을 부정할 수는 없다. 하지만 솔직하고도 에로틱한 시적 표현들 때문에, 아가서는 오랜 세월 구설수에 올랐다.

알레고리로 보기

주후 90년 얌니아에서 정경을 채택하는 논의가 열렸을 때, 랍비 아키바는 다음과 같이 적극적으로 아가서를 변호했다.

> 모든 세상은 아가서가 이스라엘에 주어졌던 날 비로소 참된 가치가 있게 되었다. 왜냐하면 모든 성서가 거룩한 것이나 아가서는 거룩한 것들 중에 거룩(Holy of Holies)이기 때문이다.[1]

이런 적극적인 옹호의 배경에는 아가서를 단지 연인간의 사랑이 아니라 하나님과 인간의 사랑에 대한 비유로 보는 랍비들의 견해가 있다.

> 연회장에서 아가서를 낭송할 때 그의 목소리를 떠는 자는, 그래서 그것을

1) 기독교대백과 사전, 10권 "아가", 교문사

세속적인 노래로 취급하는 자는 내세의 몫을 나누지 못할 것이다.[2]

1세기 후반의 유대인 역사가 요세푸스(Flavius Josephus) 역시 아가서를 '하나님에 대한 찬송'으로 불렀다. 이 아름다운 노래를 하나의 상징으로 받아들인 관점에서 아가서의 연인은 다양한 관계로 해석되었다. 이스라엘 민족은 오랫동안 아가서의 사랑을 하나님과 이스라엘 간의 사랑으로 보았으며 그리스도교 전통에서는 하나님과 교회의 사랑으로 이해하기도 했다(요 3:,29, 엡 5:22-23, 계 18:23, 21:9, 22:17). 또한 아가서의 '신부'에 관하여 4세기의 교부 암브로시우스는 동정녀 마리아로, 종교개혁자 마르틴 루터는 인격화된 솔로몬 왕국으로 해석했다. 마르틴 루터는 아가서를 이스라엘 백성이 솔로몬에 대해 충성을 예찬하는 노래로 보았다. 이렇게 아가서의 신부는 이스라엘, 교회, 마리아, 신자 등 다양한 모습으로 변화해왔다.

이교도의 제사의식으로 보기

아가서를 제사적인 관점에서 보는 해석도 있다. 아가서가 쓰여진 배경에 고대 가나안의 바알과 그의 아내 아낫의 제의, 또는 바벨론의 담무스와의 사랑, 다산의 여신 이스타르의 제의가 있다는 것이다. 이 제의들은 성적 결합을 종교 의식으로 재연하는 풍요의 축제들이다.

가나안 제의에서 사랑하는 자(바알)가 죽어갈 때, 그의 죽음을 슬퍼하며 아내인 아낫이 미친 듯이 그를 찾아다닌다. 처절한 연애, 색정적인 묘사, 사라진 남자와 그를 찾아다니는 여인, 구조가 엉성한 대화들,

2) Ibid.

식물군, 동물군, 향수, 향료에 대한 자세한 묘사들, 벌거벗고 춤추는 연인들. 이러한 주제들은 담무스와 이스타르의 의식에서도 그대로 재현된다.

전체적으로 보면 아가서에서 주도권을 쥐고 있는 것은 신부 쪽이다. 아가서를 세속적인 노래라고 보기 어려운 이유다. 강한 가부장제 사회였던 당시의 문화를 고려하면, 신부쪽에 주도권을 주는 것은 자연스럽지 못하다. 오히려 신의 영역에서 여신을 다룬다는 해석이라고 보는 것이 자연스럽다. 고대 종교적 의식이었던 여신과 그녀의 정부의 결합과 제의 참여자들이 이 신들의 결합을 재연하는 집단의 성적 결합을 아가서의 배경으로 보는 해석은 그 예식에서 나타나는 특징인 행렬과 춤, 풍요를 기리는 예식 등으로 보아 상당히 가능성이 있다.[3)]

하지만 이것이 개연성이 큰 해석임에도 불구하고 이교도의 종교적 축제 의식이 이스라엘 민족의 삶과 의식에 반영된 흔적을 찾기는 어렵다. 구약성서 어디에서도 야훼를 바알에 견주어 자연의 흐름을 따라 죽고 다시 살아나 비를 내리고 풍요를 주는 신으로 표현되지는 않는다. 만약 아가서가 이러한 신적 제의의 표현이라면 야훼의 이름이 단 한 번도 언급되지 않은 것은 이해하기 어렵다.

극(劇) 작품으로 보기

아가서에 대한 알레고리적 해석이 힘을 잃은 19세기에는 극적인 해석이 힘을 받았다. 즉, 아가서는 솔로몬, 술람미, 목자 세 인물이 등장하는 극(劇) 작품으로 보는 것이다. 한 마디로 정의하자면 부와 권력의

3) H. Ringgren, 『아가』, 국제성서주석 13, 한국신학연구소 18-19쪽.

유혹을 물리치고 참되고 순수한 사랑을 찬양하는 민중의 사랑노래라고 할 수 있겠다. 주인공은 솔로몬과 6장 13절에 등장하는 시골 처녀 술람미다. 시골처녀는 솔로몬의 감언이설에도 불구하고 시골 애인인 목자와 성실하게 관계를 지켜 나간다. 솔로몬은 주인공인 시골처녀 술람미와 목자의 사랑을 방해하는 악당이 된다. 유사한 설정을 시종으로 다윗의 말년을 함께 보낸 수넴 여자 아비삭(왕상 1:3)에 대입시키기도 하였다.

> 솔로몬은 바알하몬에
> 포도밭이 있습니다.
> 그는 그 포도원을 소작인에게 주었지요.
> 사람마다 도조를
> 은 천 세겔씩 바치게 하였습니다.
> 나에게도 내가 받은 포도밭이 있습니다.
> 솔로몬 임금님
> 천 세겔은 임금님 것이고
> 이백 세겔은 그 밭을 가꾼 이들의 것입니다.(8:11-12)

정통 유대인들에게 이 대목은 일종의 신성모독으로 여겨지기도 했다. "나에게도 내가 받은 포도밭이 있습니다"는 말을 하나님의 청혼(솔로몬 임금의 청혼)을 거절한 것으로 보았기 때문이다. 공동번역은 "나에게도 마음대로 할 수 있는 포도원이 있어요"라고 번역해 거절의 뜻을 내 비쳤다. 여인이 받았다는 포도원은 솔로몬이 준 포도원을 거절하고, "자기 자신의 포도원" "그분(목자)이 여인의 소유로 준 포도원"을 말한다. 술람미는 솔로몬이 아닌 자기 자신의 애인을 염두에 두고 있음이 분명하다. 그녀에게는 풍요롭고 가치 있는 솔로몬의 포도원도 아무런 소용이 없었다. 그녀에게는 사랑만이 필요했다.

> 바닷물도 그 사랑의 불길 끄지 못하고,
> 강물도 그 불길 잡지 못합니다.
> 남자가 자기 집 재산을 다 바친다고
> 사랑을 얻을 수 있을까유?
> 오히려 웃음거리만 되고 말겠지요. (아가 8:7)

여기서 언급된 사랑은 남자가 자기 집 재산을 다 팔아도 살 수 없는 것이라고 고백한다. 솔로몬에게 바치는 소작료도 흥미롭다. 고대근동에서 소작농이 받는 몫은 일반적으로 수확의 1/2이나 1/3이었다. 심한 경우 1/4을 받았다는 기록도 있기는 하다. 그런데 아가서 8장을 보면 "나에게도 내가 받은 포도밭이 있습니다. 솔로몬 임금님, 천 세겔은 임금님의 것이고 이백 세겔은 그 밭을 가꾼 이들의 것입니다"라고 한다. 소작농의 몫이 수확의 1/5 수준이다.[4] 여기서 솔로몬으로 대표되는 부자나 권력가의 착취가 드러난다. 또한 솔로몬이 술람미의 아가씨를 찾는 대목에서는 "왕비가 예순 명이요, 후궁이 여든 명이요, 궁녀도 수없이 많다마는"(6:8)이라고 하여, "자그만치 칠 백 명의 후궁과 삼 백 명의 첩을 두었다" (왕상 11:3)는 기록을 염두에 두고 있다. 이는 그렇게 많은 첩을 둔 왕이 시골 여인 한 명을 또 탐한다는 비판적 의미를 깔고 있다고 볼 수 있다.

---

4) M. H. Pope, 『Song of Songs』 The Anchor Bible, volume 7c, P.688

아가서의 화법은 마치 드라마 속 인물들의 대사 같다. 아가서의 히브리 성서에는 남자, 여자, 친구들과 같은 화자의 구분이 없다. 괄호 안에 화자를 넣은 것은 독자들의 이해를 돕기 위해 임의대로 붙인 것이다. 우리말 성경 개역에는 화자 표시가 없지만 표준새번역과 공동번역은 화자를 표시했다. 이는 아가서가 희곡 형식으로 인식될 수 있음을 보여준다. 이런 문학적 형식은 전체에 통일성을 부여해서 위와 같이 다양한 해석을 가능케 한다.

하지만 여러 사랑의 노래로 구성된 아가서를 구조적으로 통일하고, 거기에 도덕적 의미마저 만족시키려 하는 것에 의문을 갖기도 한다. 아가서에 완벽한 통일성을 부과하는 문학적 해석이 역으로 설득력을 떨어뜨리기도 한다. 솔로몬이라는 왕을 절대적으로 찬양하는 유대적 문화 속에서 드러내놓고 그를 악역으로 묘사하는 극은 후대에라도 존재하기 어려웠을 것이다. 단지 아가서는 연인들이 서로 찬양하고 헤어졌다가 다시 결합되는 연결되지 않는 단편의 사랑노래들일 뿐이다. 여기에 임의의 통일성을 부여하여 이야기의 다양성을 지나치게 단순화 도식화하면, 아가서의 사랑의 노래를 어떤 하나의 틀로 재단하게 된다. 성서를 해석할 때 경계해야 할 지점이다.

혼인잔치의 노래로 보기

현대의 해석 중에는 아가서를 혼인잔치 가운데서 노래한 일종의 연극이나 노래극으로 이해하려는 시도들도 있다. 시리아 지방의 혼인예식은 보통 일주일 정도 계속되므로 그런 예식 가운데 행해진 노래로 보는 것이다. 그러나 이 역시 아가서에 나오는 다양한 개별 노래들이 논리 순서에 따르지 않을 뿐더러, 서로의 노래들이 어떤 공동의 장을 생각할 만큼의 연관성을 가지고 있지 않기에 이런 설명 역시 적절치 않다. 아가서와 비슷한 형식의 노래가 이집트와 신 아라비아 문헌에 나오는데, 이로 미뤄보면, 몸의 아름다움과 사랑의 과정을 묘사하는데 쓰이는 비유가 중동의 문화의 공유재산임이었음을 알 수 있다.

아가서는 몸, 사랑, 성에 대한 노래

아가서는 하나님의 사랑을 상징화할 의도도 없고, 이방의 종교 의식에서 유래한 것도 아닌 사랑 노래 모음집이다. 이것은 솔로몬의 사랑 이야기와도 상관없고 한 개인 시인의 작품도 아니며, 한 극작가의 것은 더욱 아니다. 이 사랑의 노래에서 어떤 교훈을 찾으려고 애쓰는 것은 무의미할지도 모르겠다. 이야기를 하나로 꿰는 줄거리를 찾으려는 시도도 필요 없다. 이는 사랑하는 사람들의 노래다. 사랑하는 이들이 서로 주고 받는 인간적인 사랑의 예찬이다. 성에 대해 터부시하거나 정숙을 강요하며 검열하는 경계심을 풀어놓을 필요가 있다. 몸과 사랑과 성에 대해 가장 솔직하고도 있는 그대로의 모습을 노래하는 것으로 보아야 할 것이다. 아가서에 대한 다양한 해석들은 이 책을 사용한 주체들이 여러 다른 의미의 층들을 가지고 있음을 보여준다. 그러나 어떠한 경우라도 인간의 순수한 사랑이 이데올로기로 매몰되거나 정죄되거나 공격받아서는 안 된다. "사랑은 죽음처럼 강하고"(8:6), 사랑은 돈이나 권력만으로도 얻을 수 없는 것이다. 사랑은 사랑으로 노래하게 해야 한다.

사랑은 죽음처럼 강한 것,
사랑의 시샘은 저승처럼 잔혹한 것,
사랑은 타오르는 불길,
아무도 못 끄는 거센 불길입니다.
바닷물도 그 사랑의 불길 끄지 못하고,
강물도 그 불길 잡지 못합니다.
남자가 자기 집 재산을 다 바친다고 사랑을 얻을 수 있을까요?
오히려 웃음거리만 되고 말겠지요. (8:6–7)

그러나 성서해석의 역사는 오랫동안 이 노래를 두려워했다. 아가서를 연인들의의 사랑 노래로 보려는 시도는 이단으로 정죄되었고 종교재판에 회부되었다. 안디옥의 데오도루스(360–429), 세바스찬 카스텔리온(1546), 루이스 드레온(1567)등이 그 희생자이다.

아가서의 다른 가치

또한 아가서는 구약의 어느 다른 책에서도 발견할 수 없는 식물군, 동물군, 향수, 향료에 대한 자세한 자료들이 언급된다.

나의 누이 나의 신부는
문 잠긴 동산
덮어놓은 우물
막아버린 샘
그대의 동산에서는 석류와 온갖 맛있는 과일,

고벨 꽃과 나도 풀,

나도 풀과 번홍꽃,

창포와 계수나무 같은 온갖 향나무,

몰약과 침향 같은 온갖 귀한 향료가 나는구나

그대는 동산에 있는 샘,

생수가 솟는 우물,

레바론에 흐르는 시냇물이다.(4:12–15)

물이 귀한 팔레스타인에서는 연고와 기름등이 사람의 몸에서 나는 냄새를 없애 주기도하고 또한 위생의 목적으로 사용되기도 했다. 이러한 것은 분명 상류계층의 사랑의 관습인데 나중에는 농민 계층에까지 내려와서 색정적이고 매력적인 것으로 여겨졌다. 시간이 지나면서 가난한 계층에서도 결혼식 등에서는 약간의 사치품을 사용하게 되었다.

에스겔에서 보듯이 성전은 거룩한 생수가 발원하는 곳이다. 거기에서 물이 넘쳐 사방을 적시며 생명의 젖줄을 댄다. 성전과 거룩한 샘을 연결하는 것이 대체로 고대근동의 종교적 상징이다. 그러나 아가서는 가장 거룩하고 신성한 샘을 성전이 아닌 여성의 몸, 사랑의 깊은 만남 속에서 찾고 있다.

아가가 인간에 대한 사랑을 노래한 것인가 하나님에 대한 사랑을 노래한 것인가는 서로 떼어낼 수 없다. 이 둘은 매우 밀접한 연관을 갖는데 인간 자체가 하나님의 형상으로 창조되었을 뿐 아니라, 요한은 "사랑은 하나님께로부터 오는 것이라"고 한다.

사랑하는 여러분, 서로 사랑합시다. 사랑은 하나님에게서 난 것입니다. 사랑하는 사람은 다 하나님에게서 났고, 하나님을 압니다. 사랑하지 않는 사람은 하나님을 알지 못합니다. 하나님은 사랑이시기 때문입니다.(요일 4:7-8)

인간의 사랑은, 하나님께서 현존하시는 증거이며, 인간들 사이에 하나님 자신을 비추는 거울로서 하나님의 나타나심이라고 볼 수 있다. 사랑은 하나님께서 인간에게 주시는 가장 큰 은사(고전 13장)이며 하나님은 인간들 사이에 맺어지는 사랑을 영원하게 이끌어 가시는 능력이시다.

교회사의 잘못된 성 의식

인간의 몸과 사랑과 성에 대한 적극적이고도 아름다운 노래가 성서에 있음에도 불구하고, 기독교는 오랫동안 인간의 몸과 성을 터부시해 왔다. 그리스도교 역사상 가장 위대한 교부로 여겨지는 아우구스티누스(Augustinus, 354-430)는 『신국론』에서 성(聖)과 속(俗)의 구분을 확립시켰다. 그는 우리의 외적 경험이 내적 경험과 충돌한다고 생각했다.

그는 성기의 발기에 대해서 어떤 때는 부르지도 않았는데 성가시게 돌발적으로 일어나기도 하고 어떤 때는 영혼은 불타는데 육체는 얼음장 같기도 하여 부끄럽게 만들기도 한다고 했다.[5] 이렇게 성적 욕망이 인간의 의지와 다르게 움직여 인간이 이 기관의 지배자가 아니라는 것을 보여주는 것은 이미 성적욕망이 인간의 의지를 굴복시켜 예속상태로 만들었기 때문이라고 보았다. 이렇게 인간의 의지, 내부의 정신적

5) Saint Augustin, 『신국』, 쇠이유, '푸앵 사제스', 전3권, 1994, 장 클로드 기유보, 『쾌락의 횡포』(상), 동문선 현대신서 44, 2001. 258쪽에서 인용.

통제를 벗어난 동물적인 부분은 인간의 내부에 있지만 인간을 벗어나며, 인간이 맞서 싸워야할 원죄를 구성하는 요소이다.

아우구스티누스에게 오르가슴 및 생식과 관련된 성적 쾌락은 인간의 의지와 동시에 생겨나서 인간을 공격하는 낯선 힘이다. 우리의 의지를 우롱하는 성욕의 생리적 자율성은 인간을 와해상태에 빠지게 했다. 즉 성적 욕망은 원죄 이후로 인격체 안에 자리잡은 불화의 항구적 원리이며 죽음의 축소된 그림자이다. 따라서 육체에 저항하는 것이야말로 은총의 도움을 받은 인간의 의지를 다시 자리잡게 하는 것이다.[6)]

당시 서양의 가치관에서 영혼은 육체보다 우위에 있었으므로 그는 '육체 없는 인간 존재'를 지향했다. 그의 이런 시선은 깊은 이원론에서 나온다. 그가 영향을 받은 신플라톤주의는 신체에 대한 완전한 부정, 즉 몸이란 인간이 벗어나야 하는 감옥이라는 생각을 전제로 한다. 또한 그는 회심을 통해서 자신의 과거를 모두 죄악의 시간으로 보았다.

아우구스티누스는 금욕을 강조한다. 그는 "지혜와 성스러운 즐거움을 사랑하는 사람치고 가능하기만 하다면 이런 정욕 없이 자녀를 생산할 수 있었으면 하고 바라지 않을 사람이 있겠는가?"라고 말했다. 그는 특별히 정욕은 육체적 쾌락 중에 가장 저주받을 죄악이라고 보았다.

몸에 관한 현대의 연구들은 건강한 아기는 두 이성의 마음과 몸 상태를 기반으로 한다고 말한다. 남녀 간에 사랑이 넘치고 행복한 교감이 오갈 때 가장 건강하고 훌륭한 인간이 탄생된다는 것이다. 사랑과 성, 인간의 몸을 저주받을 죄악으로 생각하고 성적 교감 없이 자녀만을 출산할 것을 권하는 아우구스티누스의 교훈을 따랐다면, 인류는 죄책감 속에서 새로운 생명을 잉태했을 것이고 새로운 생명들은 그 무거운 죄

6) Peter Brown, 『아우구스티누스의 삶』, (쇠이유, 1971), Ibid.,259쪽에서 인용.

책감을 지고 세상에 태어나야만 했을 것이다.

기독교 권력은 인간의 성적 욕망을 정죄하고 극복해야할 대상으로 삼았기에 결혼 제도를 희생한 사제는 그 댓가로 중세의 역사에서 최고의 권위를 누릴 수 있었다. 이들은 인간에서 성적 욕망을 분리하는 신학적 구조를 완성했고 이는 인간의 몸을 정죄하며 나아가 성적 욕망을 불러오는 여성을 악마적인 존재로 여겨 마녀사냥으로 희생시켰다. 이렇게 기독교는 몸과 성과 여성을 차별하는 신학을 토대로 차별을 하늘의 뜻으로 둔갑시키는 신학을 불러들이게 되었다.

교회사에 성인(聖人)의 반열에 들어가는 또 한분의 말을 들어보자.

> 나는 코끼리의 순수성에 대해 이야기하고자 한다. 코끼리는 절대로 자기 짝을 바꾸지 않는다. 수놈 코끼리는 자신의 짝인 암놈코끼리를 아주 사랑한다. 하지만 수놈 코끼리는 오직 3년 마다 한번씩, 그것도 겨우 5일 동안만 짝짓기를 한다. 그 행위는 너무도 은밀하게 행해지기 때문에 코끼리가 짝짓는 모습을 본 사람은 아무도 없다. 여섯째 날이 되면 수놈 코끼리는 다시 모습을 나타낸다. 그러나 그가 가장 먼저 하는 일은 강으로 가서 몸을 씻는 일이다. 그는 몸이 더럽혀진 상태로 자신의 무리에 끼어들고 싶어 하지 않는 것이다. 이야말로 지나치게 감각적이고 육체적인 쾌락과 결혼한 이들에게 금수가 보여주는 훌륭하고 순수한 성질 아니겠는가?"(성 프랑스와 드 살르)[7]

이런 초기 그리스도교 사상가들의 몸에 대한 태도는 중세까지 이어졌다. 물론, 토마스 아퀴나스(Thomas Aquinas, 1225-1274)처럼 인간

7) 이정희 "에로스의 정치신학을 향하여" 제3시대 그리스도교 연구소 세미나(2002)에서

을 하나님이 창조한 우주의 부분, 즉 소우주로 보는 시선도 있었다. 그는 그리스도의 몸의 구원이 갖는 의미를 강조했다. 그러나 이것이 어떤 인간의 육체, 물질, 혹은 신체성을 긍정한 것이라고 보기는 어렵다. 그의 사상에는 일종의 위계질서가 성립했는데, 여기에서 물질은 비물질보다 하등한 위치에 있었다. 즉, 몸을 완전히 부정하지는 않았지만, 위계질서에서 머리인 이성이 아래인 몸을 지배해야 했다. 즉, 비물질 세계가 물질 세계에 굴복해서는 안됐다.

그리스도교의 내면 응시는 고해성사와 죄의 고백이라는 종교적 전례로도 발전했다. 성(性)은 죄를 낳고, 죄는 고백을 낳았다. 고백을 통해서 죄를 용서 받는다고 하지만 은밀한 개인의 성 이야기를 다 고백할 수는 없는 일이다. 차마 말하지 못한 '죄'는 개인의 내면에서 무한히 확대되었다. 이런 죄의식은 상대적으로 교회의 권위를 강화시켰다. 흠결이 없는 성스러움 앞에서 인간은 초라하고 작은 존재가 되었다. 교회는 인간의 죄의식을 해방시키지 않았다. 이 깊은 죄책감이 교회에 힘과 부를 선사했기 때문이다. 죄의식 속에 인간을 주눅 들게 하고 겁을 주어서 종교의 틀 안에 순한 양으로 길들여왔다. 지금도 크게 다르지는 않다. 많은 그리스도인에게 몸과 성의 이야기는 그것을 대화의 주제로 삼는 것조차 터부시된다. 그것은 은밀하고 부끄럽고 감춰야 하는 것들이다. 이것은 인간을 얽매임에서 자유하게 하는 예수의 가르침과는 반대로 가는 길이다. 정신분석학자 푸코(Michel Foucault, 1926-1984)는 "아우구스티누스 이후 우리는 우리의 섹스를 머릿속에서 경험하게 되었다"고 꼬집기도 했다.

11세기 독일의 교회법학자였던 보름스의 주교 부르크하르트의 『포고서』의 性관련 조항을 보자.

123항, 그대는 혼자서 간음을 했는가? 다시말해 그대의 성기를 손에 쥐고 음경의 포피를 잡아당기며 흥분시켜서 쾌락 속에서 그대의 정액을 쏟았는가? 그렇다면 10일 동안이다. (註, 고해성사 20일을 말함)

124항, 그대는 성기를 구멍이 뚫린 판자나 그와 유사한 것 속에 집어넣어 운동과 쾌락을 통해 그대의 정액을 쏟아내는 간음을 했는가? 그렇다면 20일이다.

166항, 그대는 마귀같은 행동덕분으로 남편이 그대를 더욱 사랑하도록 그의 정액을 마셨는가? 그렇다면 정해진 날들에 7년 동안 빵과 물만 먹으며 고해성사를 해야한다.

172항, 그대는 여자들이 하듯이 행동했는가? 여자들은 살아있는 물고기를 성기 속에 집어넣고 그것이 죽을 때 까지 그 속에 간직한다. 그것을 익히거나 구워서 남편에게 먹도록 하는데, 이는 그가 그녀들에게 더욱 불타도록 하기위한 것이다. 그렇게 했다면 2년 동안 단식을 해야한다. 8)

사람은 누구나 자기가 살아온 방식으로 세상을 규정한다. 이런 금지법을 만든 사람은 실제 그의 삶에 이 문제가 더없이 큰 걸림돌이기 때문에 세상에도 걸림돌이 된다고 생각하는 것이다. 권력을 잡은 사람, 혹은 지도자라는 사람들이 자신에게 해방되지 않은 문제로 세상을 규제하려고 하는 것이다.

어느 스님이 개울을 건너다가 젊은 여자가 쩔쩔매고 있으니 등에 업

---

8) 장 클로드 기유보, op.cit., 272-273쪽.

어 개울을 건네주었다. 여인의 허벅지가 다 나와 노출된 채로 스님과 몸을 밀착해 개울을 건너는 모습을 본 동자승은 마음이 몹시 심란했다. 한참을 가다가 도저히 이런 스님의 행위를 참을 수 없었다. "스님, 속세와 떠나 수도하는 스님께서 어찌 아까 개울을 건널 때 그런 행동을 하실 수가 있습니까?" 동자승이 항의했다. 그러자 스님은 이렇게 말했다.

> "나는 아까 개울을 건넌 후 바로 그 처자를 내려놓았는데 너는 아직 까지 업고 있느냐?"

요한복음에 나오는 간음하다가 현장에서 잡혀온 여인의 이야기(요한 8:1-11)에서 우리는 성에 대한 예수의 태도를 엿볼 수 있다. 한 여인이 간음 현장을 들켜 이웃에게 끌려나와 마을 광장에 패대기쳐졌다. 유대법에 의하면 이런 여인은 돌로 쳐서 죽임을 당해야 했다. 이 이야기에 여인의 상대인 남성은 등장하지도 않는다. 아마도 바로 며칠 전까지 동네 이웃이었을 사람들은 돌을 들어 그녀를 치려고 하는 참이다. 이때 예수께서는 "누구든지 죄 없는 사람이 먼저 돌로 쳐라"고 하셨다. 순간의 정적이 흐른 후, 사람들은 힘없이 돌을 땅에 놓고 사라져 버렸다. 어쩌면 이 사람들은 그나마 양심적이고 자기성찰이 뛰어난 인격자인지도 모르겠다. 그렇지 않았다면 군중 심리 속에서 더 날뛰며 돌로 쳤을지도 모른다. 그래야 자신의 죄 없음을 증명할 수 있기 때문이다. 간혹 부끄러움과 두려움이 합쳐지면 광기로 이어지기도 하니 말이다. 그들이 다 사라진 후에 예수께서는 "나도 너를 정죄하지 않는다."고 하셨다.

그런데 마태복음에서 예수께서는 "누구든지 마음에 음욕을 품은 사람은 간음한 것이다"(5:27)는 이중적인 가치를 지닌 말씀을 하신다. 오랫동안 이 말씀은 내면의 욕망을 품는 것조차 간음이라 해석되었고 많은 그리스도인에게 깊은 죄의식을 갖게 했다. 생각조차, 욕망조차, 드러나지 않는 마음조차 드러나는 것과 똑같다니. 그런데 예수님의 마음은 그와 정반대였을 듯하다.

'너희 중에 누가 마음으로 간음하지 않은 사람이 있겠는가? 그 마음에 충동과 욕망으로부터 자유로운 사람은 누구인가? 그렇다면 너희가 간음한 사람을 그렇게 정죄하며 돌팔매질할 자격이 과연 있는가? 누구나 다 그럴 가능성을 가지고 있으면서, 이미 마음으로 간음에 동참한 사람들이 자기는 드러나지 않았다고 마구 돌팔매질 할 수 있는가? 너희가 당연한 죄인으로 여기고 날뛰는 간음한 자라도 아무도 이들을 정죄치 못하리라.'

예수님께서 마음의 욕망을 말씀하신 것은 모든 이를 정죄했다기 보다 몸을 입은 인간이라면 누구나 다 똑같기 때문에 서로 정죄할 수 없음을 역설하기 위한 것이다. 이렇게 받아들일 때 비로소 마태복음과 요한복음에서 예수의 태도가 일치된다.

인간은 몸을 입고 세상에서 살아간다. 먹고, 사랑하고, 느끼고, 경험한다. 살아있는 동안 인간의 몸은 소중하고 아름답게 지켜질 필요가 있다. 몸에 대한 존중이 없다면, 그의 존재에 대한 존중이 없는 것이다. 따라서 배려와 존중이 없는 성은 사랑이 아니라 착취이고 폭력이다. 몸은 정직하고, 때로 생각이나 이성보다 많은 것을 말해준다. 조금씩 억압당하고 착취당할 때엔 모르지만, 그것이 쌓이면 비로소 몸에 드러나게 된다. 탈이 나고 병이 날 때, 그 억압은 우리에게 현실적 사건으로 다가온다. 몸이 찢기고 상하고 병들게 될 때, 비로소 하나님의 정의가 무너지고 인간의 관계가 기울어진 현상들이 드러난다. 몸은 이러한 억압과 부정의를 나타내 주는 하나님의 파수꾼이며 척도이다.

예레미야 7장에는 성전 순례를 마치고 예루살렘 성전에 당도한 무리들이 "이것이 하나님의 성전이다. 하나님의 성전이다. 하나님의 성전이다" 하며 세 번씩 연거푸 감격에 찬 탄성을 지르는 장면이 나온다. 그러나 예레미야는 그들에게 경고한다.

> 너희들이 외치는 이 성전은 비참하게 무너져 내릴 것이다.
> 도대체 무엇이 하나님의 성전이냐?
> 너희의 행실을 먼저 고쳐라.
> 고아와 과부의 인권을 짓밟고
> 죄없는 사람을 살해하면서
> 이 성전 안에 들어와 '우리는 안전하다'고 한다마는
> 너희 눈에는 이 성전이
> "도둑들이 숨는 곳으로 보이느냐?
> 나는 여기서 벌어지는 온갖 악을 똑똑히 보았다"(7:11)

아무리 아름다운 대리석으로 성전을 치장해도 참 하나님의 성전인 인간의 몸을 마구 무너뜨리고 피흘리게 하며 초토화 시키는 일들에 눈감는다면 그것은 하나님 계신 전을 모독하는 행위다. 예레미야의 이러한 성찰은 신약시대로 이어져 예수님은 자신이 고난 받고 죽음에 이르게 될 것을 예견하시고 성전을 무너뜨리고 사흘 만에 다시 짓겠다고 말씀하신다(요한 2:19-22). 바울도 '여러분의 몸은 성령의 전입니다'(고전 6:19)라고 분명한 어조로 말한다.

그런데 우리시대에도 아직까지 이 성전이 침탈당하고 있다. 저 이지

러진 얼굴들을 보라! 우리는 오늘도 하나님의 형상이 뒤 틀어지는 모습을 보고 있으며, 성령이 훼방 받고 있는 것을 무감각하게 보고 있다. 우리 크리스천들은 넋 놓고 옆구리에 성경을 낀 채 하나님의 성전이 무너져 내리는 것을 쳐다만 보고 있을 뿐이다. 아니 일조하고 있는 지도 모른다. 인간이 무너지고 그들의 몸이 고통받는 일에 대해 무엇보다도 기독교인들이 분노해야 할 것이다. 그리스도인의 몸이 바로 진정한 하나님의 형상이고 성령이 거하시는 성전이기 때문이다. 우리가 신앙을 갖는 이유는 그저 나 하나가 천국에 가기 위함이 아니다. 우리 가운데 완전한 하나님의 형상이 이루어지고, 무너지기 쉬운 민중의 몸뚱어리들이 성전처럼 아름답게 지켜지기 위함이다. 예언서가 무너진 하나님의 정의, 그 결과 무너져 내리는 인간의 몸에 대한 항거요 고발을 주제로 하는 부정적 접근의 말씀이라면 아가서는 가장 이상적이어야 할 몸의 아름다움과 인간의 행복이 보장되는 사랑을 소중히 여기는 긍정적 접근의 말씀이다.

인간의 '몸은 부정하다'고 하는 것은 몸을 입은 인간 전체를 부정하고 정죄하기 위해서이다. 몸을 입지 않은 인간이 어디 있겠는가? 인간은 몸 자체다. 그들은 인간을 차별할 근거로 영을 등장시켜 이를 몸과 대립시킨다. 누구나 몸을 가졌기에 몸을 인정하면 모두가 평등하다는 것을 인정해야 한다. 그러니 보이지 않는 영을 이용해서 임의대로 사람을 나누고 구분하는 것은 기득권을 유지하고자 하는 자들이다. 그들은 하나님과 인간의 질적 차이를 주장하며 하나님을 오직 영적인 영역에 밀어넣는다. 이것은 하나님을 차별의 근원으로 삼고자 하는 것이다. 우리는 세월호에서 희생된 아이들이 영으로 돌아오는 것을 바라지 않는다. 그들과 다시 몸으로 만나길 바란다. 만약 우리가 몸을 쉽게 포기한다면 그래서 영을 얻는 것으로 현실의 모순을 얼버무리려 한다면 이는 속이는 것이다. 현실을 거부하는 것은 아편의 종교일 뿐이다.

생각할 문제

산 정상에 올라 눈앞에 펼쳐진 아름다운 경치를 즐기며 시원한 음료를 한 캔 마셔본 적 있는가. 산을 오르느라 고단하고 탈진한 몸은 시원한 음료를 순식간에 흡수하고, 더없이 상쾌한 기분을 느낄 수 있다. "아, 참 좋구나."라는 말이 절로 나오는 그 순간, 좋은 것은 나의 몸인가, 영혼인가.

몸과 영혼의 관계는 인간에게 주어진 숙제와도 같다. 죽은 뒤 사라지는 몸이 '나라는 존재의 모든 것'이라고 받아들일 수 없거나, 늙거나 병이 들어 겪는 고통을 벗어나고 싶어서였을지도 모른다. 분명한 것은 고대부터 인간은 '영혼'의 존재를 인정했다는 점이다. 문제는 이 둘의 관계를 해석해내는 방식이었다.

고대 히브리인들은 몸과 영혼을 나누어 생각하지 않았지만, 서양 사상의 근원이 된 그리스 사유에서 몸과 영혼은 철저하게 분리된 두 개의 세계였다. 그러나 이 둘은 대등한 관계가 아니었다. 몸은 극복해야 할 물질의 세계의 표상이었고, 영혼은 이것 너머 영원에 깃든 존재였다. 영혼이 몸보다 우위에 있었다.

교회는 이런 그리스 사상의 뿌리에 가부장제가 더해져 사회보다 더 강력한 남성 중심의 문화로 가득차 있다. 교회 안팎으로 이런 남성 중심의 문화를 극복하려는 목소리들이 날로 커져가지만, 교회 안의 남성 권력집단의 저항은 여전히 매우 강력하다. 교회는 완벽하지 않다. 하나님의 목소리가 사회의 변혁과 함께 교회를 일깨울 때, 교회는 그에 반응하며 자신을 열어 나가야 한다. 우리교회 안의 가부장적 문화는 어떤 것이 있을까. "늘 그래왔다"거나 "관행이다"라며 지나치기 보다는 함께 논의해보고 어떻게 고쳐 가야 할지를 이야기해보자.

아담아, 아담아[9)]

생태여성신학자인 로즈마리 류터(Rosemary Radford Ruether, 1936~)는 설명하기를, 초기 기독교가 광범위한 제국의 종교로 발전하면서 당시 문화 권력인 헬라 철학을 수용하지 않을 수 없었다. 그 과정에서 본래 히브리인들이 갖고 있던 전인적 인간관, 즉 인간을 정신과 육체가 통합된 존재로 보는 전통은 사그라들 수밖에 없었다고 말한다. 대신 히브리적 사유에서 적극적으로 취한 것이 있다면, 그것은 순결-오염의 이원론이다. 즉, 하나님은 완전히 거룩한 분이기 때문에 하나님의 계약 백성은 모든 부정한 것에서 떨어져 순결할 것이 요구되는데, 여기서 부정한 것으로 간주된 것들의 목록에는 이방종교의 제의 뿐 아니라 성욕과 생식, 특히 월경과 출산시에 여성이 흘리는 피 등이 포함되어 있었다. 여성의 자연스러운 몸의 경험이 죄와 직결되었던 까닭에 그들은 단지 여성이라는 이유만으로 부정한 존재, 더 깊은 죄의식을 지니는 존재가 되어야 했다. 이렇게 순결-오염 이원론 위에 영-육 이원론을 덧입은 기독교는 육체를 부정하고 억압하는 방향으로 발전해 갔고 이는 여성억압으로 연결되었다.

융 학파의 심리학자 에리히 노히만(Erich Neumann, 19051960)은 인

9) 이 글은 교회여성연대가 교회 내의 남성을 대상으로 발간한 양성평등교육교재에 기고한 원고 중 일부를 발췌 및 보완한 글이다.

류의 신화적 사고에서는 몸을 그릇으로 인식했는데, 동시에 그것은 여성성으로 연결하는 보편적인 상징이었다고 설명했다. 또한 여성은 삶의 주기가 월경, 출산, 육아 등 몸의 경험과 떼려야 뗄 수 없는 관계에 있었기 때문에 여성은 곧 몸과 동일시되었다. 기독교 전통에서 감정, 감각, 욕망 등의 몸의 경험은 천시되었고, 몸의 천시는 곧 여성 차별로 이어졌다. 여성의 몸과 몸의 표현에 대한 규제가 심했고, 결혼을 하는 평신도와 독신생활을 하는 성직자 사이에는 위계질서가 존재했다.

교회가 깊은 영-육 이원론의 뿌리 위에 세워져 있음은 부정할 수 없다. 거론하는 게 새삼스러울 정도로 교회 내부는 교회 바깥의 세상보다 더 강력한 남성 중심의 문화로 가득 차 있다. 전통적으로 하나님이 오직 남성적 이미지로 묘사되어왔고, 예배 의식의 언어도 남성 중심적이다. 교회 안에서 가시적 역할, 혹은 정치권력을 갖는 역할은 남성이 독점했다. 남성 목회자에 비해 현저히 적은 여성 목회자의 수, 나아가 담임 목회를 하고 있는 여성 목회자의 수를 생각할 때 교회가 성평등을 구현하고 있다고 보기는 매우 어렵다.

여성, 당당하게 자신의 목소리를 내다

역사를 뜻하는 'history'는 언어 자체가 남성 중심이다. his+story, 즉, 남성의 이야기를 뜻한다. 기록으로 남은 이야기의 대부분은 남성의 삶의 궤적이었고, 여성의 삶의 이야기는 기록되지 않아서 기억되지 못하였다. 자신의 이야기를 되찾기 위해서 여성은 온통 남성의 이야기로 가득찬 역사의 틈새에 미세하게 새겨진 여성의 발자취를 발견해야 했다. 덮으려 했으나 엎어지지 않았고, 무시했으나 기어이 살아남은 여성들의 삶은, 역사와 뿌리의 역할이 그렇듯, 지금을 살아가는 여성의 힘이 되었다. 여성들은 강력한 가부장제의 차별에 맞서 점점 더 용기 있게 자신의 목소리를 내기 시작했다.

근래에 뉴스에 데이트 폭력과 가정 폭력 사건이 많이 보도 된다. 과거에 비해 폭력적이고 정신적으로 문제가 있는 남성들이 많아져서 이런 사건이 늘어난 것일까. 그렇지 않다. 과거에도 여성은 자신의 남자친구와 남편에게 폭행을 당하는 일이 빈번했다. 다만 드러나지 않았을 뿐이다. 과거 아내가 구타를 당할 경우, 이웃 사람들은 "여자가 맞을만한 이유가 있겠지.", "남자가 때릴만한 이유가 있겠지"라고 보았다. 피해자인 여성을 비난하고 가해자인 남성을 두둔하는 사회적 통념이 가득했다. 따라서 이웃은 그 여성을 돕지 않았고, 여성도 자신이 폭행을 당했으니 경찰에 알려야 한다는 생각에 미치지 못했다. 이혼의 경우도 마찬가지였다. 똑같이 합의 이혼을 했어도 그 책임과 굴레는 여성에게 훨씬 가혹했다. 여성이 성폭행을 당해도, "여자가 처신을 잘못했을 것"이라고 여성을 비난하는 목소리가 더 거셌다.

지금은 이런 통념이 많이 사라졌다고는 하나, 가부장제가 너무도 오래, 너무도 깊이 인간 사회를 지배해 왔기 때문에 여성과 남성, 가해자와 피해자 모두 이를 의식하지 못한다. 이런 내면화된 가부장제의 더 큰 문제는 자신도 모르는 사이에 다음 세대에게 가부장제의 가치관을 심고 그렇게 살도록 영향을 미친다는 점이다.

지난 해 강남역 살인사건을 계기로, 여성주의는 우리 사회에 뜨거운 이슈가 되었다. 물론 페미니스트들의 오랜 투쟁의 결과물이기도 하지만, 이에 대한 가부장제의 저항이 심하다고 느끼기도 한다. 어쩌면 강남역 살인 사건은 그동안 차별을 참으며 '조용히' 살던 수많은 대한민국 여성들에게 "나도 저렇게 당할 수 있다", 혹은 "나도 저런 위협을 매일 느끼며 산다"는 공감을 불러 일으켰다. 공포와 억울함의 연대 의식이라 불러도 좋을 듯 하다. "기 센 여자', 혹은 '피곤한 여자'로 인식될까봐 차마 자신을 '페미니스트'라고 정의하지 못했던 여성들조차도, "나는 페미니스트입니다"라고 선언하게 만들었으니, 이 연대 의식의 힘은 참으로 강력하다.

새로운 세상으로의 요구와 이에 대한 저항이 거센 시대다. 이런 전환기에 성평등 의식은 무엇보다 중요하다. 교육을 통해 자신도 모르게 행해지는 차별 행위를 인지하고 그것을 반성하고 고쳐나갈 절호의 시기다. 영원한 가해자로, 혹은 피해자로 생을 마칠 수는 없지 않은가. 실제로는 전혀 그렇지 않으면서 "나는 그런 남성들과 다르다"고 생각하다가는 큰 낭패를 볼 수도 있다. 안타깝게도 남성들은 특별히 중년남성은– 남성 기피 현상을 직시할 필요가 있다. 교회 안에는 자신의 말과 행동이 성희롱인지, 성차별인지 알지도 못하는 사람이 참으로 많다. 여성을 약한 존재, 보호의 대상으로 보는 시선도 마찬가지다. 원치 않는 보호를 강제하면서 "너는 나보다 약한 존재"라고 규정하는 것도 옳지 않다.

차이와 차별

사회의 모든 구성원에게, 특별히 억압받는 주체들에게 "자신의 목소리를 세상 밖으로 내는 것"은 무엇보다 중요하다. 많은 변화를 겪고 있음에도 불구하고, 우리 사회는 여전히 자신의 목소리를 내는 이들을 불편하게 생각한다. 사회 갈등을 유발하는 유별난 사람이라는 인식이 뿌리 깊다. 특히 어려서부터 가정과 사회로부터 조신함, 인내, 부드러움, 물러남 등의 가치를 '여성스러움'이라 교육받으며 여성에게는 이런 불편한 시선이 내면화 되었다. 가부장제는 당당함, 자기주장, 강함 등을 '여성답지 못한 행동'으로 규정하고 비난했다.

그런데, '여성스러움'이란 과연 무엇일까. 남성과 여성은 '생물학적 성(sex)'의 차이에서 유래한 본연의 차이가 있다. 무엇보다 신체가 다르고, 감정을 느끼고 언어를 사용하는 방식도 어느 정도의 차이가 있다. 그러나 신체 외의 차이는 기나긴 가부장제 사회에서 축적된 결과물이라고 볼 수도 있다. 그런데 이 차이에 위계가 생기고, 그 순간 차이는 차별이 된다. 여성과 남성에게 부여된 고정된 성역할은 본질적인 성의 차이에서 비롯된 게 아니다. 오랫동안 사회 속에서 길들여져 왔고, 기대와 관습이 빚어온 결과물이다. 사회적인 성을 지칭하는 '젠더(gender)'는 생물학적으로는 다르지만 근본에 있어서 평등한 성, 똑 같은 가치를 가진 존재로서의 성을 말한다. 사회 속에서 동등함을 실현시켜야 한다는 의지를 포함한다.

생물학이 말하는 성별 차이점들[10)]

생물학자 버먼(Louise Berman)은 "완벽한 남성성과 여성성이란 존재하지 않는다. 남성적인 남성과 여성적인 여성에 대한 이상은 19세기 몽상가들의 무지에서 나온 것이다"라고 잘라 말한다. 물론 남성 호르몬으로 테스토스테론이 있고 여성 호르몬으로 에스트로겐이 있다. 남성 호르몬은 다소 공격적인 성향을 강화시킨다. 하지만 남성이건 여성이건 간에 인간 안에는 이러한 것들이 모두 함께 존재한다. 건전하고 건강한 사람은 이 양쪽이 적절하게 균형을 이루는 사람이다.

10) 최재천, 『여성시대에는 남자도 화장을 한다 – 한 사회생물학자가 본 여자와 남자』(서울:궁리출판, 2003)참조.

식물은 대부분 한 개체 안에 남성과 여성이 같이 있다. 식물은 우선 남성적인 성으로 출발한다. 꽃이 피고 수술에서 꽃가루를 발산하고 나면 그 다음 암술이 발달한다. 여성적 성으로 전환하는 것이다. 암수의 시간 차이가 있지만 꽃 마다 개화시기가 다 다르기 때문에 다른 꽃에서 나오는 유전자를 공급받을 수 있다.

산호초 주변에 모여 사는 농어들은 집단속에 언제나 수컷은 한 마리이다. 수컷은 다른 암컷들보다 몸집이 크고 거칠다. 이 한 마리가 모든 암컷을 상대로 짝짓기를 한다. 그러나 수컷이 죽으면 암컷 중에서 가장 서열이 높은 암컷이 불과 하루 이틀 내에 수컷으로 돌변한다. 급격한 호르몬 변화와 함께 놀라운 속도로 암컷의 생식기관이 퇴화하고 수컷의 생식기관이 된다. 이렇게 생물체 안에는 자연스럽게 남성과 여성이 동시에 존재한다.

해밀튼 박사는 성이 왜 발달했느냐 하는 질문에 대해서 성의 차이는 병원균에 대항하기 위하여 진화한 것이라고 한다. 병원균들은 워낙 세대가 짧고 빠른 속도로 진화한다. 그들은 늘 새로운 무기를 개발하여 숙주 생물을 공격한다. 무성생식을 하는 숙주 생물은 번식력에 비해 유성생식 생물보다 월등하다. 그러나 그들은 유전적으로 거의 동일하기 때문에 치명적인 병원균이 출현하면 집단 전체가 한꺼번에 멸절 할 수 있다. 숙주 생물들은 병원균들에 비해서 상대적으로 세대가 길어서 같은 속도로 방어무기를 개발할 수는 없다. 그러기에 이들은 성을 나누어 유전자를 섞는 방법을 통해서 미처 병원균들이 공격하지 못할 다양한 유전자 조합을 만든다. 유성생식 생물은 짧은 기간에 엄청나게 증식하지는 못하지만 오랫동안 꾸준히 살아남을 수 있다.

생물은 양성 모두를 이미 한 개체 안에 가지고 있다. 인간도 마찬가지다. 인간 안에 존재하는 양성이 골고루 발달되어야 인간의 전인적인 개발과 발달이 이루어진다. 여성은 기술과 전문 분야에 약하고 남성은 육아와 가사 노동에 취약한 구조를 가지고 태어난 게 아니다. 여성에게 급격히 자유가 주어지면서 여성에게는 자신이 가진 남성성을 개발할 수 있는 기회가 열렸다. 그런 결과로 여성은 양성성을 균형 있게 발전시킴으로 인간의 가능성을 높인 반면 남성은 아직 전통적 성의식에 매몰되어 자신의 능력을 매우 제한되게 사용할 뿐이다. 한 개인의 육체와 정신 안에는 여성성과 남성성이 동시에 존재한다. "여성은 남성과 정반대이며 여성은 음이고 남성은 양이다. 따라서 여성은 가정 내부에, 남성은 외부로 나가는 게 자연스럽다."는 생각은 맞지 않다.

과학은 여러 가지 생물학적 차이를 근거로 남성이 우수하다는 것을 증명하려 했다. 과거 대부분의 과학자가 남성이었기 때문이다. 예를 들어 남성의 뇌가 더욱 크기 때문에 선천적으로 우수한 두뇌를 가졌다고 주장한다. 그러나 동물의 세계를 보면 뇌의 크기와 지능이 상관관계를 가지지 않는다. 언급되는 여러 가지 근거 없이 주장되는 생물학적 차이들은 대개 여성을 가정에 주저 앉혀놓고, 여성은 단지 남성을 돕는 보조자로 타고났다는 것을 강조하는 전제 아래 수집된 자료이다. 그러나 임신과 출산의 경우를 제외하고는 남녀의 선천적 차이라고 하는 것은 대부분 후천적으로 사회 환경을 통해 얻어진 것이다.

간혹 역차별을 받는다며 불평을 하는 남성이 있다. 여성을 배려한다는 명목으로 남성이 다시 차별받는다는 의미다. "왜 여성은 무거운 물건을 들지 않는가"라는 사소하기 짝이 없는 문제에서부터 군가산점제 폐지, 여성할당제 등이 역차별이라는 것이다. 그런 이들에게 이런 이야기를 생각해보기를 권한다. 여성에게 참정권이 인정된 지는 100년이 넘지 않는다. 우리나라의 성평등지수가 145개 나라 가운데 115위라는 부끄러운 현실이 살에 와 닿지 않는다면, 일반 기업에서 CEO는 고사하고 간부급 인사 중 여성이 몇 명이나 되는지 세어보라. 비단 30여 년 전까지 대학 교육을 받은 여성의 비율이 남성의 비율에 얼마나 차이가 났는지를 보라. 남아를 선호하는 나라에게 딸이라는 이유만으로 낙태시킨 영아가 얼마나 많은지 찾아보라. 여성 취업자의 몇 %가 비정규직 인지, 여성의 평균임금이 남성의 그것과 얼마나 차이가 나는지 요목조목 살펴보라. 인류의 오랜 역사 속에서 남성이 가부장제 아래에서 남성이 누려온 특권과 태어나면서 그 권력을 자연스럽게 누리며 살아온 삶을 돌아보라. 누군가에게는 당연했던 환대와 사회적 선택권이 누구에게는 오랜 투쟁으로 겨우 얻어낸 한 조각 성과였다. 누군가에는 원래 그런 것이었던 세상의 이치가 누군가에게는 "대체 나에게 왜?"라는 끊임없는 질문과 "이것은 마땅히 그래야 하는 게 아니다"라는 거부를 선언하게끔 만든 운명의 수레바퀴였다. 이 모든 것들을 차분히 살펴보고 현실을 더 직시한 뒤에, '역차별'을 다시 말하라. 약자로 살아가는 데에 익숙하지 않았던 이들이 약자인줄로만 알았던 대상들과 동등하게 살아가는 데 저항하는 것은 아닌지 말이다.

교회 성평등 운동의 역사

교회 안에서 여성이 목소리를 내기 시작한 것은 19세기다. 이는 당시 교회 밖의 여권운동에서 힘을 받은 결과다. 당시 여권운동이란 '잃었던 권리 찾기'운동으로 오랜 가부장제 아래에서 갖지 못했던 고등교육권, 참정권, 시민권 등을 되찾기 위한 운동이었다. 기회의 평등을 요구한 것이다. 시간이 지나면서 기회의 평등에 관한 여권운동은 '조건의 평등', '결과의 평등'으로 이어진다.

오랜 시간 유지된 가부장제의 역사 속에서는 기회가 평등하게 주어지더라도 출발 선 자체가 다르다는 현실인식 때문이었다. 그런 불평등한 조건을 그대로 놓아둔다면 기회의 평등이 주어진다고 하더라도 다시 차별을 낳을 수밖에 없었다. 초기 여권운동은 여성들이 교육을 받고 투표권을 행사하며 사회에 진출할 기회를 얻는 역할을 하였다. 그러나 가사와 자녀양육을 전담할 수밖에 없는 조건에서 여성에게 평등한 채용의 기회는 무용지물이었다. 모든 것을 남성들이 다 소유한 가운데 게임의 규칙을 공정하게 하는 것은 오히려 남성 지배를 더욱 합법적으로 강화시키는 결과를 가져왔다. 따라서 여성들은 남성과 동등한 권리를 누릴 수 있도록 보육시설의 확충과 같은 선결조건을 요구했다. 이런 결과의 평등을 위해서는 제도적 차원에서 강제성을 띤 조처가 요구되었다. UN에서 각국에 권고하는 평등 달성 방안이나 우리나라의 남녀고용평등법, 여성 할당제등은 결과의 평등에 해당한다. 실질적인 의미의 남녀평등이 달성될 때까지 유효한 조치들이다.

교회 안에도 이런 제도적 장치가 필요하다. 각 교단의 중요 안건을 처리하는 총회, 교회 안의 중요한 사항을 결정하는 당회, 대형교회의 부목사 그룹 등에서 여성할당제를 실시하는 것은 매우 중요하다. 필자가 속한 한국기독교장로회는 총회의 여성총대 할당제를 실시하고 양성평등위원회를 두어 교회의 성평등을 위한 제도적 장치를 만드는 노력을 계속하고 있다. 이를 이어 기독교대한감리회와 최근에는 대한예수교장로회통합 교단까지 여성총대 할당제를 통과시켰다. 그러나 남성과 여성의 비율로 따지면 미비한 정도다. 아직도 여성 신학도에게 목사안수를 주지 않는 교단이 많다.

교회는 가부장제의 매우 견고한 틀 위에 유지되어 왔기 때문에 이를 견디지 못한 여성들을 교회의 문을 박차고 나가기도 했다. 1980년대 초, 교회의 여성운동은 일종의 핵분열의 시기를 맞이한다. 보수적인 교회의 개혁이 더디고 저항이 컸기 때문에 교회의 울타리를 벗어난 여성 그룹이 생겨나기 시작했다. 즉, 자신이 기독교인이라는 자기 정체성을 인정하면서 성서해석과 예배를 바꿔나가는 그룹과 달리, 완전히 새로운 형태의 종교적 표현을 추구하는 여성들이 생긴 것이다. 이들에게 교회는 참을 수 없을 만큼 성차별적이었던 것이다. 이런 여성들의 '탈출'은 교회가 더 이상 성평등 구현을 뒤로 미룰 수 없는 때에 도달했다는 증거이기도 하다. "지금은 때가 아니다" 혹은 "교회는 원래 그런 곳이다"라는 생각도 위험하지만, "우리 (교회, 혹은 교단) 정도면 괜찮지 않은가?"도 마찬가지로 조심해야 한다.

차이는 존중하는 것

여성과 남성의 차이는 엄연히 존재하지만 이것은 단지 차이일 뿐이다. 이러한 차이는 서로 이해되고 존중되어야 할 내용이다. 그러므로 남녀의 성적 차이를 수용하고 그 차이가 무시되거나 악용되지 않는 범주에서 평등한 가치를 만들어 내야한다.

하나님께서 창조하실 때부터 사람을 남성과 여성으로 만드셨다. 하나님께서는 "혼자 있는 것이 좋지 않으니"(창세기 2:18)라며, 서로 다른 성으로 만드셨다는 것은 서로 돕고 함께 하는 세상을 만들기 위함이다. 서로의 차이로 인하여 서로를 필요로 하고, 사랑을 만들어 간다. 서로 다름으로 인하여 역동성과 변화의 힘이 생긴다. 차이는 서로간의 화합을 전제로 할 때, 그 가치를 드러낸다. 그러나 상대를 제압하고 억누르려고 할 때 근본적인 평화는 깨어지고 부조화, 혼란, 파괴로 이어지게 된다. 사실상 양성평등의 역사를 보면 양성간의 차이는 남성이 효과적으로 지배하기 위한 방편으로 이용해 왔다.

인간 안에는 남성의 특질도 있고 여성의 특질도 있다. 이러한 특성이 적절하게 조화를 이룰 때라야 건강하고 창조적인 인간이 된다. 이것은 오히려 남성과 여성으로 나눌 수 없는 인간의 특질이다. 그러나 우리 사회는 어느 한쪽으로 길들여지도록 강요해 왔다. 여성도 얼마든지 사회 활동을 잘해낼 수 있고 남성도 가사나 주방일, 육아를 할 수 있다. 또 그러한 책임을 나누어 질 때 건강한 가정이 이루어진다. 그러나 잘못된 성 역할론은 부부 모두가 맞벌이를 하는 가정에서도 여성은 여전히 퇴근 후에 조리하고 청소하고 육아하는 가정 일을 전담하고 단지 남성은 보조 역할을 하는 것으로 할 일을 충분히 했다고 생각한다. 이는 과도기에 나타나는 현상으로 여성에게 이중의 고통을 안겨준다.

현대 사회는 과거와는 다른 환경을 가지고 있다. 과거처럼 분명하고 철저한 역할 구분을 필요로 하지 않는다. 이제 더 이상 사냥을 하기 위해 힘과 민첩성을 요구하는 창이나 칼을 쓰지 않는다. 현대 사회에서의 생존을 위한 적응은 힘이 우선되지 않으며 따라서 사회 역할의 차이도 점차로 좁아지고 있다. 과학과 기술이 발전함에 따라 이런 현상은 가속화될 것이다. 이제 사회는 더 이상 힘에 의존하지 않는다. 자연히 남성에게는 여성과 동등한 조건에서 살도록 요구되는 것이 자연스레 다가온다. 남성은 관점을 바꿀 필요가 있다. 여성이 원치도 않는 여성의 보호자가 되려하지 말고 삶을 함께 살아가는 벗이며 협력자가 되어야 한다.

현대 사회는 성별 보다는 개인의 능력을 중요시하는 쪽으로 점점 바뀌어 가고 있다. 이에 따라 남성의 역할도 변화가 생기고 있다. 사회활동을 하는 아내를 위해서 가사와 육아를 전담하는 남성이 늘어나고 있다. 결코 부끄러운 일이 아니다. 지금 많은 남성이 가정에서 아내와 함께 가사 일을 분담하는 쪽으로 생각을 바꾸고 있다.

과거에 가부장제는 농업사회에서 필수적인 힘을 토대로 생성됐다. 그러나 현대와 미래는 지식정보와 문화 중심 사회이고 그래서 남성의 강인함 뿐 아니라 여성의 섬세함과 부드러움 또 미적 감성 등이 중시되는 사회가 되었다. 따라서 현대사회는 여성의 능력을 이제는 새로운 시각으로 바라보고 필요로 한다. 여성에게는 금단으로 여기던 군대에 지원하는 여성도 있고, 택시나 버스는 물론 중장비 운전을 하는 여성도 있으며, 섬세하고 독창적인 능력을 바탕으로 영화감독이나 개인 회사를 창업하여 능력을 발휘하는 여성도 많다.

지식정보와 문화 중심의 고 부가가치가 중요시 되는 시대에 국가의 생산성을 높이기 위해서는 남성과 여성을 차별하는 잘못된 인습을 버려야 한다. 남성과 여성 모두에게 기회를 공평하게 부여하고, 능력있는 인재를 발굴하여 국가의 생산성을 높여 나가야 한다. 점점 경쟁사회로 치닫는 현실을 딛고 서려면 성평등의 열린 의식으로 함께 노력하는 것이 필수이다. 이제까지 가부장 중심으로 발전해온 가정과 사회의 틀거리가 성평등의 새로운 틀로 바뀌고 있다. 변하는 사회를 감지하고 적극적인 변화를 시도하지 않는다면 언제나 뒤 처질 수밖에 없다.

성평등은 남녀가 모두 동일한 역할을 해야 한다는 게 아니다. 여성이 남성과 똑같이 근력을 쓰는 격한 노동을 하고, 군대에도 가야한다고 주장하는 게 아니다. 차이점은 인정되고 존중되며 권리로 보장받아야 한다. 예를 들어 임신, 출산을 해야하는 여성이 건강과 휴식을 보장받을 권리를 가져야한다. 남성이 군대를 갈 때는 주변에서 성대하게 송별의식을 갖듯이 여성이 임신하고 출산을 할 때도 주변에서 축하의식을 베풀고 이웃의 축복 가운데 진행되어야 한다. 나아가 육아는 공공 사회가 책임지도록 해야 한다.

성평등은 처음 기획 과정에서부터 그 중심에서 여성을 주체로 인정하고 여성의 정체성과 여성적인 문화를 존중하고 인정하는 바탕에서 이루어 져야한다. 교회안의 정책이나 행사가 남성 위주로 진행되고 단지 한 두 명의 여성을 구색 맞추기 식이니 보조적 역할로 끼워 넣어서는 안 된다. 모든 정책과 행사에서 근본적으로 평등이 구현되고 성별에 관계없이 평등한 몫을 누리면서 동시에 서로가 신뢰받는 교회를 향해 나아가야 한다.

더 넓은 '품'으로

그런데 이런 길 위에서 물어야 할 질문이 있다. 가부장제에서 우위의 힘을 누려온 남성은 과연 행복한가? 권력을 누려온 당사자들은 한 인간으로 온전하고 자유로운가?

우리네 부모세대의 남성들은 가장이라는 무게를 견뎌야 했다. 경제적, 심리적 부담감은 불론 감정적으로도 억압을 받으면서 살았다. '남자답게, 여자답게'라는 이분법적 고정관념은 여성에게 굴레일 뿐 아니라 남성에게도 굴레였다. "남자가 훌쩍거리지 말거라.", "남자는 입이 무거워야지.", "남자가 울긴 왜 울어.", "남자가 그것도 못해.", "남자가 그리 겁이 많아서야 어디에 쓰겠니." 사회화 과정에서 들어야했던 성에 관한 고정관념은 우주에 단 한 명 뿐인 고유한 존재를 지우고 규범에 맞는 남성을 탄생시킨다. 권위적인 가부장제 사회를 학습하고 거기에 맞는 '남성'으로 변해가는 과정에서 남성은 소통 능력과 공감 능력을 상실한다. 그리고 이는 그들을 사회에서 고립시킨다.

물론, 여성의 성 고정관념과 남성의 성 고정관념을 똑같이 평가할 수는 없다. 여성의 고정관념에는 사회적 차별이 포함되기 때문이다. 생각해보면 고정관념이란 인간의 의식이기는 하지만 동시에 사회적 산물이어서 그 사회의 가치와 생활 방식을 반영한 결과다. "여자가 너무 드세면 못써.", "얌전해야지", "여자가 너무 똑똑하면 팔자가 세.", "잘 참고 견뎌야지." 등 어디선가 한 번쯤은 들어본 듯한 불편한 말들은 깊이 들여다보면 사회가 여성과 남성을 어떻게 바라보는가를 확연히 드러낸다. 그러니 고정된 성역할 의식에 따른 피해는 당연히- 여성이 훨씬 심하다. 성역할에 관한 고정관념은 여성을 가정 안에 가둬두고 그 사회활동을 제한시키는 역할을 한다. 모성이라는 그럴듯한 말은 여성의 창조력을 제한시키고 여성을 억압하는 현실을 은폐한다.

여성들이 사회의 불평등을 없애기 위해서 각계에서 노력을 해왔다. 어려운 것은 남성과의 관계다. 가부장제에서 남성은 권력자이면서 가해자이다. 억압받고 차별받아온 여성에게 남성은 분노의 대상이다. 싸워야할 때에는 가해자-피해자 구도를 명확히 인식할 필요가 있다. 그러나 아이러니하게도 우리는 함께 살아가야 한다. 남성들은 가부장제를 해체하고 새로운 인간으로 나아가는 것이 여성뿐 아니라 남성에게도 온전함과 자유를 회복시키는 길임을 명심해야 한다. 자신이 변화의 때에 직면했음을 인지해야 한다. 또한 여성은 자신이 바꾸고자 하는 것은 한 명의 꼰대 남성 너머의 제도라는 사실을 잊지 말기를 바란다. 변화를 위해서는 여성 뿐 아니라 남성도 깨어서 직시하고 힘을 모아야 할 것이다. 가부장제란 여성과 남성 모두에게 참으로 강력하고 오래된 억압의 사슬이니 말이다.

그런데 남성성으로 규정된 가치들은 그저 다양한 인간을 사회적 틀에 가두는 데에서 끝나지 않는다. 거기에는 '힘'에 대한 찬양이 담겨 있다. 가부장제는 여성에게는 부드럽고 희생적이고 순종적이며 수동적이고 협조적이 될 것을 종용한다. 동시에 남성에게는 적극적이고 능동적이며 싸워서 쟁취하는 성향을 부여한다. 그리고 이는 '공격성 긍정'으로 이어진다. 즉, 남성성은 물리적 힘, 승리, 권위 등을 긍정하는 것이다. 연인 관계에서 일어나는 폭행(일반적으로 '데이트 폭력'이라는 단어를 사용하지만, 폭력 앞에 '데이트'라는 로맨틱한 단어를 붙이는게 적절하지 않다. 용어자체가 가부장적이다), 부부 사이에서 일어나는 가정폭력의 가해 남성들을 보라. 이런 폭력이 남성이 물리적 힘의 우월성을 가지면 일어나야 하는 일일까. 언제든지 힘이 센 사람이 힘이 약한 사람을 잔혹하게 때려도 된다고 여긴다면, 세상은 이미 아비규환이 되었을 것이다. 가부장제 사회가 남성들의 폭력성을 긍정하지 않았다면, 그래서 그것을 내면으로부터 허락받은 게 아니라면 이 수없이 많은 폭행을 설명할 수 없을 듯 하다.

미국의 심리학자 로버트 무어(Roert Moore)는 가부장제가 "소년심리의 반영물"이라고 설명했다. 남성의 본성이 가학적인 게 아니라 가부장제가 성숙에 이르지 못한 남성의식이 반영된 의식체계라는 것이다. 그는 가부장제에 사로잡힌 사람들은 여성 뿐 아니라 남성에 대해서도 적대적이며 상대를 지배하고자 하는데, 이는 두려움에서 기인한다고 설명했다. 미성숙하기 때문에 아름답고 성숙하며 창의적이며 생명력 있는 상대에게 겁을 먹고 그를 증오하며 힘으로 내리누르고자 공격한다는 것이다.

이에 반해 소위 여성성으로 부여된 성품과 가치 중에는 빛나는 것들이 있다. 온유, 평화, 공감 등이다. 이런 성향, 혹은 가치는 생명을 낳아 기르고 돌보는 특별한 경험의 축적에서 오기도 했고, 가부장제에서 피억압자로 살아오며 내면화한 결과물이기도 하다. 오늘날까지 사회는 발전, 효율, 업적, 경쟁, 기능 등의 남성적 지배 이데올로기로 유지되어 왔지만, 이제 여성에게 부과되었던 가치가 이를 대신할 시대가 가까이 온 듯하다. 평화와 비폭력, 평등과 공감 등 지금까지 여성에게 부과되었던 가치는 이제 사회 전체가 지향하는 가치가 되어야 한다. 남성 안에 긍정적인 여성성이, 여성 안에 긍정적인 남성성이 살아나 지배와 독점이 아닌 평화의 가치를 위해 일하는 세상이 되어야 한다.

민중 신학자 안병무 선생은 우리 사회를 '품을 상실한 사회'라고 개탄했다. 안 선생은 "여권운동이 남성에 대한 투쟁의 성격이 될 때, 긍정적인 쪽의 반면 어머니다운 '품'을 상실하는 것이라"고 지적했다. 여성주의자들에게 불쾌함을 일으킬만한 발언이다. 가해자나 권력자를 적으로 생각하지 않고서는 모든 약자들의 투쟁이 시작할 수 없는 법이다. 정당한 분노는 싸움의 불을 붙이는 중요한 발화점이며 중요한 힘이다. 그런데 나는 안병무 선생의 '품'이라는 단어를 잊지 않으려 한다. 분노가 증오가 되지 않기를 바라기 때문이다. 참으로 어려운 일인 것은 잘 안다. 하지만 눈에 보이는 대상 너머를 지향할 때에 깊고도 지치지 않는 싸움이 가능하며 그럴 때 변화가 올 수 있다고 믿는다. 가부장제라는 권위적인 사회에서 결국 온전함을 빼앗기고 자신을 통합하지 못하고 상실감에 빠진 것은 우리 모두가 아닌가. 이 제도 아래에서 인간 모두가 패배자이다. 가부장제를 해체하려는 교회안의 움직임들은 권력을 또 다른 권력으로, 지배를 또 다른 지배로 대체하려는 게 아니다. 안 선생은 “어머니다운 품”이라고 말했지만, 사실 품이란 인간이 깊어질수록 갖게 되는 내면의 공간이다. 몸으로 보면 어께부터 배꼽까지, 모두의 가슴이고 고향이며 따듯함을 가져다주는 공간이다. 세상을 바꾸고자 하는 그리스도인 모두가 이 ‘품’을 잃지 않았으면 한다.

교회 성장주의는 남성문화의 전형

리처드 로어 신부는 남성에 관해 이렇게 묘사했다.

> 여성적 영혼이 없는 남자는 쉽게 묘사될 수 있다. 그의 개성은 외적인 세상을 향해 나아간다. 그의 머리가 그의 통제탑(control tower)이다. 그는 건설하고, 설명하고, 사용하고, 고치고, 조종하며, 법을 만들고, 명령하고, 무엇이든 만지기 싫은 것을 요령껏 다루지만, 실제로는 그것을 전혀 만지지 않는다. 왜냐하면 그는 사물들의 내면을 알지 못하기 때문이다. 그에게는 섬세함도 없고 상상력도 없으며, 조화를 이룰 능력도 없으며, 신비나 역설과 더불어 살아갈 능력도 없다. 그는 실재를 살아가는 대신에 조종한다. 사실상 그는 진짜 삶을 두려워한다. 그렇기 때문에 이성이라는 통제탑이 오랫동안 작동하는 것이다. [11)]

지난 시대 교회의 성장주의는 교회가 추구한 남성 문화와 자본주의의 전형이다. 머릿수 중심의 발전론, 대규모 집회, 대교회 지향, 물량주의, 업적주의 등을 중시하던 시대는 지나갔고 이미 한계에 이르렀다. 한국교회에서 연일 계속되는 전도와 부흥집회에도 불구하고 개신교 인

---

11) 리처드 로어, 『야생에서 아름다운 어른으로』 김준우 역, (서울 : 한국기독교연구소, 2016), 23-24쪽.

구는 현격하게 감소하고 있다. 대화 없이 자신의 입장을 무조건 강요하고 밀어 붙이는 식의 일방전달의 문화, 예배, 목회는 이제는 새로운 패러다임으로 전환되어야 한다. 소그룹 중심, 나눔과 소통, 대화, 가정에서부터 억압적인 요소를 회개하고 평등한 인간관계를 체험해 나가는 문화가 교회의 새로운 영성이 되어야 한다.

내가 목회를 하는 들꽃향린교회에서 주일 예배 후에 젊은 부부가 함께 면 생리대 만들기 작업을 한 적이 있다. 천을 재단하고 바느질을 하면서 가정에서 이루어야 할 양성평등에 대해 자연스럽게 대화를 한다. 중학교 교사인 한 교우는 학교 간부 수련회에서 남녀학생의 역할을 정반대로 하게한 경험을 이야기했다. 여학생은 주로 회의를 하고 남학생은 음식을 만들게 했다. 그리고 수련회 기간 동안 남학생이 면 생리대를 착용하도록 권유했다. 모든 역할이 뒤 바뀌어진 수련회를 통해 장난꾸러기 남학생들은 "여자들이 이렇게 불편할 줄은 전혀 몰랐다. 우리가 여학생들을 동료로 대접하지 못했다", "여학생이 생리중인 것을 알면 놀려주곤 했는데 이제 생각하니 참 잘못했다"는 등의 소회를 밝혔다고 한다.

전혀 받아들이지 못하던 상대를 그 입장에 서서 이해하고 존중하게 되는 것이야 말로 교회의 영성이 서야할 자리다. 이웃의 어려움을 인식하고 그것을 이해하는 것, 그동안 서로를 막아온 장애요인을 제거해 하나 되는 기쁨을 갖는 것이야 말로 우리가 추구해야할 영성이다. 남성은 자신에게 숨겨져 있는 진정한 성숙함을 향해 가면서 자신들의 가부장적 사고와 태도로 타인이 받은 상처를 생각하고, 그런 행동방식을 떨쳐버리도록 해야 한다. 여성 또한 자신에게 있는 힘을 발견하고 공동체 안과 밖에서 목소리를 내며 그것이 그리스도의 온전한 공동체를 향하는 길임을 신뢰해야 한다. 다만, 그것이 비판과 증오보다는 연민과 사랑의 바탕위에 서길 바란다.